STUDENT'S GUIDE
TO
BASIC FRENCH

STUDENT'S GUIDE TO BASIC FRENCH

With Notes On
French History, Literature, Art and Science

JULIUS ARNOLD
Chevalier des Palmes Académiques (1978)

Chairman, French Department
WOOSTER SCHOOL

Assistant Professor of Romance Languages
WESTERN CONNECTICUT STATE COLLEGE
Danbury, Connecticut

SECOND EDITION

Longman
New York & London

This short presentation of grammar, verbs, and idioms may be used at any level. However, it has been found most valuable beginning with the second semester of second level classes.

Although the book does not attempt to cover every possible detail of French structure, it includes all the basic forms that must be mastered in preparation for the College Board Achievement Test, as well as Regents and French Association examinations.

The text and its exercises can easily be adapted to make up the grammar section of school final examinations.

The explanations are given in English in order that the student may understand them thoroughly during his hours of independent study. It is recommended that the teacher make the same explanation to his classes in French.

In order to give the student a background in some cultural aspects of French, a number of new sections have been added to the second edition, including highlights of French history, literature, art and science. It is hoped that these topics will make the present work even more useful to the student.

Julius Arnold
March 1980

Copyright © 1970, 1980 by Longman Inc.

All rights reserved. No part of this publication may be reproduced or transmitted in any form or by any means, electronic or mechanical, including photocopy, recording, or any information storage or retrieval system, without permission in writing from the publisher.

PRINTED IN THE UNITED STATES OF AMERICA.

89909192
345678901

For their valuable suggestions in the preparation of this grammar guide, I would like to thank my colleagues at Wooster School, Marcel Marcotte of Pomfret, and especially my wife, without whose constant help it could not have been written.

J.A.

CONTENTS

	Page
Highlights in the History of France	IX
Highlights in the History of French Literature	XIII
Highlights in the History of French Art	XVIII
Some Outstanding French Scientists	XX
How to Pronounce French Better	1

Part One:
GRAMMAR

		Page
I.	The definite, indefinite and partitive articles	5
	Exercises	8
II.	Nouns, adjectives, and adverbs	10
	Exercises	17
III.	Geographical names	20
	Exercises	21
IV.	The numbers	23
	Exercises	26
V.	Telling time	27
	Exercises	29
VI.	The possessives	30
	Exercises	32
VII.	The demonstratives	34
	Exercises	36
VIII.	Personal pronouns	38
	Exercises	42
IX.	Relative pronouns	46
	Exercises	49
X.	Interrogatives	52
	Exercises	54
XI.	Negatives	57
	Exercises	59
XII.	Indefinites	62
	Exercises	64

Supplementary Grammar Exercises

Lesson		Page
I.		65
II.		66
III.		70
IV.		71
V.		72
VI.		73

VII.		75
VIII.		76
IX.		81
X.		83
XI.		86
XII.		88

Part Two:
VERBS

I.	The principal parts	89
II.	Tense Formation (The indicative mood)	90
III.	Tense Formation (The conditional mood)	95
IV.	Tense Formation (The imperative mood)	96
V.	Tense Formation (The subjunctive mood)	96
VI.	Verb Usage (Indicative and conditional moods) Exercises	98 102
VII.	Agreement of the past participle Exercises	104 105
VIII.	Reflexive verbs Exercises	106 107
IX.	Spelling and Accent changes in some -er verbs Exercises	108 109
X.	Prepositions and infinitives Exercises	112 115
XI.	The subjunctive Exercises	116 120
XII.	The passive voice	123

Supplementary Verb Exercises

Lesson VI.	123
VII.	125
VIII.	126
IX.	126
X.	128
XI.	129

Part Three:

Idiomatic Expressions	132
Reference Verb Lists	149
French — English Vocabulary	171

HIGHLIGHTS IN THE HISTORY OF FRANCE

France's prehistory dates back to many centuries B.C., and is filled with legends about the Greeks, the Celts, and other peoples who populated portions of what we now consider the territory of France. Few precise documents exist about these ancient races. Fortunately, however, from the time of the Roman Conquest on, we are able to pinpoint important dates and events, and study the many transformations and upheavals that have taken place.

Julius Caesar (101-44 B.C.) in many ways initiated the new culture that was to develop eventually into the present France. Not only did he conquer the whole country militarily, putting to death his fiercest enemy, Vercingétorix (72-46 B.C.), but he instituted reforms that are truly impressive. He built cities with temples, schools, roads, water systems, and numerous civic buildings and monuments (Le Pont du Gard, La Maison Carrée, theaters, and Arches of Triumph). The third and fourth centuries witnessed the rise of Christianity, especially under the influence of dedicated priests like Saint Martin, Bishop of Tours, whose piety and charitable deeds are still celebrated throughout France.

But the Roman era had gradually come to an end by the fifth century A.D., and Clovis, the first important king of the Merovingian Dynasty, inflicted a severe defeat on the Roman army at Soissons in 486. Clovis was baptized by Saint Rémi in the Cathedral of Reims, and became a staunch protector of the Christian Church. The words of Saint Rémi, as he was baptizing Clovis, have become famous: "Bow your head, proud Sicambre, adore what you have burned, burn what you have adored." After the death of Clovis in 511, his kingdom was divided among his sons, none of whom was later able to reunite his extensive territories.

It was not until the second royal dynasty, the Carolingian, was founded in 751 by Pépin the Short that the kingdom was able to regain its strength and unity. At the death of Pépin in 768 one of the great rulers of France came to power. Charlemagne (742-814) was crowned Holy Roman Emperor by the Pope on Christmas Day in the year 800. He defended and strengthened Christianity during his long reign, and instituted reforms in education and commerce. There was hardly a time when he was not engaged in military campaigns. During one of these, Roland, his nephew, and commander of the rear guard, died valiantly in the Pyrenees. The famous *Song of Roland* celebrates that bloody campaign, and is one of the most glorius of France's epic poems.

Charlemagne is responsible for the introduction of feudalism to France, whereby wealthy lords and landowners offered protection to their vassals in return for military service to safeguard the property of the lords. The serfs, who in the feudal system were at the lower end of the social and economic structure, were the farm workers for the powerful lords. They were given housing and a plot of land as compensation for their work.

Charlemagne's empire, much larger than present-day France, did not remain intact long after his death. By the Treaty of Verdun (843), three of his grandsons divided the empire among themselves, and Charles the Bald (823-877) became the ruler of the area that is roughly present-day France.

The third royal dynasty, called the Capetian, was founded in 987 by Hugues Capet (938-996). Most of the kings of this dynasty had little strength or authority over the great feudal lords, and it was not until the reign of Louis IX (1214-1270), called Saint Louis, that a French king regained both power and respect. History recognizes his love of justice, his personal piety, and his ability to dominate the many noble lords. He led the seventh and eighth Crusades to the Holy Land, where he died of the plague, together with many of his soldiers.

The grandson of Louis IX, Philip IV (1285-1314), was a determined and powerful ruler, but he possessed few of the admirable qualities of his grandfather. At the death of Pope Boniface VIII, who had excommunicated him, Philip named Clément V, a Frenchman, to be the new Pope, and he established the papacy in Avignon, where it remained until 1376. Philip IV, a clever politician, in order to build support for himself against Boniface VIII, summoned the first meeting of the States-General, a parliamentary body that included representatives of the three segments of French society: the clergy, the nobility, and the commoners.

It was during the reign of Philip VI (1293-1350) that the Hundred Years' War between France and England began. At one point in this long struggle (1337-1453). Henry V of England proclaimed himself King of France. Fierce battles were fought between the two countries, and France, which suffered internal revolts as well, lost much of its territory to the English.

History tells us that it was due to the courage of Joan of Arc (1412-1431) that France was able to win out over its arch enemy, England. A peasant girl, she appeared at the court of Dauphin Charles (1403-1461), who was later to become Charles VII, and convinced him to allow her to lead the French soldiers in raising the siege of Orléans, then in English hands (1429). After the victory, she went with Charles to the city of Reims, where he was crowned King of France. In a subsequent battle Joan was captured by the Burgundians, allies of the English. The Burgundians sold her to the English for 16,000 francs, and she was burned at the stake in Rouen in 1431.

From the time of Joan of Arc, who was canonized in 1919 during the papacy of Benedict XV, until the reign of Francis I, the French monarchy became more absolute than ever. The territory of France was expanded through conquests and marriage, and the once powerful nobles were forced to surrender much of their control to the king. With the end of the Hundred Years' War, and during the reign of Charles VIII (1470-1498), the important movement of scientific, literary, and artistic rebirth called the Renaissance manifested itself in France. Francis I (1494-1547) ascended the throne in 1515. Although his dreams of extending French territory were not completely realized, he is remembered for his efforts to expand arts and letters, and his contribution toward the flourishing of the Renaissance in France. In 1516 Francis signed a Concordat with Pope Leon X which made it clear that a partnership existed between the king and the church, delineating some of their respective powers and responsibilities.

The son of Francis I, Henri II (1519-1559) was able to conquer Calais, which had been in English hands since 1347, and thus the last remaining English stronghold in France had fallen.

The reign of Henry IV (1553-1610) was most significant, especially concerning religion in France. Born a Protestant, and actually one of the leaders of the Huguenot party, he realized that some compromises had to be made to put an end to the bloody wars of religion. He embraced Catholicism, and issued the Edict of Nantes (1598), which guaranteed religious freedom to the Protestants. Unfortunately for France, Henry was assassinated by a religious fanatic, Ravaillac, but he had done his best to open the minds of his fellow countrymen to a broader outlook toward religious ideas. During this period, called the Reformation, John Calvin (1509-1564) was one of the most influential of those who preached the tenets of Protestantism. French by birth, he suffered persecution and exile for his ideas.

Henry's son, Louis XIII (1601-1643), became king at the age of nine, under the Regency of his mother, Marie de Medici. But the most influential man in France during this period was the great Cardinal de Richelieu (1585-1642), a staunch Catholic. Although he did not oppose the Protestants' right to believe and worship as they chose, he defeated them at the battle of La Rochelle, thus destroying their last political stronghold in France. Richelieu is credited with strengthening the royal power in France, and preparing for the absolutism of Louis XIV. He was also a man of letters, founding the French Academy in 1635.

With the advent of Louis XIV (1638-1715), the Sun King, we witness the truly classical era of French royalty, with a magnificent court life, and few apparent dissensions either internally or externally. It was the age of great literary masters, with the likes of Molière, La Fontaine, Racine, and Corneille, and of great military and political leaders and engineers. Louis reigned for 72 long years, but beneath the seeming calm certain signs of discontent were apparent. The

Edict of Nantes was revoked in 1685, many French Huguenots were driven out of France, monetary problems became serious, and frontier wars continued. Yet this period of French history is remembered, and perhaps rightly so, as one of great achievement and content.

Louis XIV was succeeded by his great-grandson, Louis XV (1710-1774), who lacked the magnificence of his great-grandfather. The country went deeply into debt, the king's mistresses (Madame de Pompadour and Madame du Barry) were more powerful than the king himself in making important policy decisions. Except for his successful campaign to add the territory of Lorraine to France, his other wars were dismal failures, resulting in the loss of Canada and India. He apparently sensed that difficult times were not far off when he said: "Après moi, le déluge!".

And during the reign of Louis XVI (1754-1793) the deluge arrived. This grandson of Louis XV should at least be credited with helping the young American colonies to gain independence from England. But he was hopelessly inept as a king, often heeding the questionable advice of his pleasure-loving and frivolous wife, Marie-Antoinette. The country was debt-ridden, the privileged classes refused to give up their favored tax-free status, the peasants did not have enough to eat, and as a desperate measure, the States-General were convened in 1789. It was the beginning of the French Revolution. The Third Estate, or commoners, declared themselves to be the National Assembly, abolishing all remaining feudal rights. The National Assembly was joined by some members of the clergy and nobility, called itself the Constituent Assembly, and issued the famous "Declaration of the Rights of Man", which proclaimed that all men are equal before the law. The peasants stormed the Bastille, freed the few remaining prisoners, and set up barricades in the streets. The Constituent Assembly was succeeded by the National Convention, which proclaimed France a republic. The Convention was responsible for the Reign of Terror, during which Louis XVI and Marie Antoinette, as well as many others, were guillotined.

The French Revolution ended during the last years of the eighteenth century, at which time a new strong man, Napoleon, appeared on the scene. It should be noted that an influential group of philosophers, including Rousseau (1712-1778) and Voltaire (1694-1778), with their deep convictions about the equality of man, contributed to the events of the French Revolution, though they themselves did not participate in its bloodshed.

Napoleon (1769-1821) returned from his victorious Italian and Egyptian campaigns as a national hero. He ruled France as First Consul in 1799, next as Consul for life in 1802, and finally as Emperor in 1804, a meteoric rise to power. He signed a Concordat with Pius VII in 1802 which defined the relationships between the government, the papacy, and the French clergy. But all of Napoleon's victories faded as the European coalition of nations joined to defeat him and his army. He first went to the island of Elba, then tried one glorious return to power. But a final defeat at Waterloo (1814) sent him to the island of Saint Helena for his final exile. He died there in 1821, having given to France only some temporary years of glory.

The kings were restored to power, but after a series of revolutions (1830, 1848) Napoleon's nephew (Napoleon III) was elected President of the Second Republic. He too, full of dreams of grandeur, first proclaimed himself President for life, then Emperor of the Second Empire (1852). The new government was short-lived because of France's defeat in the Franco-Prussian War (1870-1871). France lost the province of Alsace and part of Lorraine, territories which were not restored to France until the end of World War I (1919).

The Third Republic, proclaimed in September, 1870, knew stormy times. Its leaders (Thiers, Mac-Mahon, Gambetta, Grévy, Boulanger) were not able to establish a government which satisfied the revolutionary forces of this period.

The end of the nineteenth century witnessed the famous Dreyfus Affair. Captain Dreyfus was unjustly accused of spying, and was sentenced to life imprisonment. The Affair, blown out of all proportion because of political dissensions in France, ended in his complete exoneration. Emile Zola (1840-1902), the great French novelist, defended Dreyfus in his famous manifesto, "J'accuse".

The First World War (1914-1918) was extremely costly to the French in men killed or wounded, but with the help of the British and Americans they defeated the German forces. The period between the two great wars was marked in France by bitter political rivalries, and by the rise of several worthy leaders (Clemenceau, Briand, Blum). But in 1939 Germany invaded Poland, and within six months forced France to sign an armistice that virtually cut the country in half. For a time it seemed that the war was over and that the German armies would remain in occupied France. But the remarkable Resistance movement under Charles de Gaulle (1890-1970), together with tremendous military assistance by the Allies, put France back on its feet. The Second World War ended in 1945 with de Gaulle as head of the provisional government. However, much internal dissension, political and economic, existed in the country, and de Gaulle resigned in 1946 to give way to the establishment of the Fourth Republic.

The wartime leaders of France during the so-called Vichy Régime, who had either collaborated with the Germans or accepted the defeat of France, were put on trial. Laval was executed, and Pétain was imprisoned for life. As was to be expected, internal problems still seethed, and in 1958 the Fifth Republic was proclaimed with de Gaulle as President of France. He remained for ten troubled years, resigning once again in 1969, a year before his death.

Under the Fifth Republic, France elects a President for a seven-year term. The President names a Prime Minister, with whom he shares power. There are two legislative bodies, the Senate and the National Assembly. Senators are elected for nine years, while members of the National Assembly are elected for five years.

HIGHLIGHTS IN THE HISTORY OF FRENCH LITERATURE

The true beginnings of French literature are found in the famous *Chansons de Geste,* epic poems of the Middle Ages, which relate the heroic deeds of the knights. The most famous of these *Chansons* is *La Chanson de Roland,* nephew of Charlemagne. Roland was given the impossible task of protecting the rear guard of Charlemagne's armies in the mountain passes of the Pyrenees. He died gloriously during the campaign, having fulfilled his duty as the faithful knight that he was.

The Middle Ages gave rise to a number of early literary forms, including the farce, the most famous of which is *The Farce of Maître Pathelin* (1470). Of unknown authorship, it tells the story of a so-called lawyer who lives by his wits, but who is eventually outwitted by an ignorant shepherd. The farce possesses all the fine qualities of theatre, including humor, suspense, and fine portrayal of characters.

François Villon (1431-1480 approximately) is considered one of the great early lyric poets of France. He committed serious crimes during his lifetime, including murder. Yet he was able to express the poignant tragedy of his own life and times in his poetry. He wrote *Le Petit Testament, Le Grand Testament,* and a collection of poems including *The Ballad of the Hanged.*

François Rabelais (1493-1553) lived an interesting life as a benedictine monk, a priest, a doctor, and a writer. His main works, *Gargantua* and *Pantagruel,* full of wit, satirize the society of his time, including education, justice and religion.

Pierre de Ronsard (1524-1585) Inspired by Latin and Greek letters, and with his friends in the literary society *La Pléiade,* he sought to renew and purify French poetry. Major works are *Odes, Hymnes,* and an unfinished epic poem, *La Franciade.*

Michel de Montaigne (1533-1592) was the mayor of Bordeaux, and legal advisor to the parliament of that city. His famous *Essais* show his deep understanding of the nature of man. He preached tolerance and common sense in human relationships.

René Descartes (1596-1650). Besides his important writings, Descartes is the father of analytical geometry, and a noted metaphysician. He wrote the *Discourse on Method,* in which he explains the principles of Cartesian logic.

Pierre Corneille (1606-1684) is the father of French tragedy. His main plays are *Le Cid, Horace, Cinna,* and *Polyeucte.* The hero is often faced with deeply moral conflicts between duty, honor and patriotism on the one hand, and his own desire and passion on the other.

Blaise Pascal (1623-1662). Outstanding mathematician, physicist, philosopher, and writer. His major works are the *Provinciales* and *Pensées.*

Jean-Baptiste Racine (1639-1699) was a brilliant dramatist whose main works include *Andromaque, Britannicus,* and *Bérénice.*

Molière (pen name of **Jean-Baptiste Poquelin**) (1622-1673) The greatest of French comic dramatists, he was also director of his theatre group, and one of the actors. In his plays, he was able to describe and satirize human vices and weaknesses. His works have remained as popular today as they were in the seventeenth century. Among his greatest plays are *Tartuffe, The Would be Gentleman, The Miser, the Misanthrope,* and the *Imaginary Invalid.*

Jean de La Fontaine (1621-1695) France's greatest writer of fables, La Fontaine used animal characters to paint a picture of human society, with great wit and imagination.

Voltaire, pen name of **François-Marie Arouet** (1694-1778) was one of the most prolific writers in all French literature. He disagreed violently with the metaphysicians and their ideas about the human soul, immortality, and God. Among his literary creations are *Candide, Zadig, Philosophical Letters,* and *English Letters.*

Jean-Jacques Rousseau (1712-1778) believed in the fundamental goodness of man and nature. Society has corrupted man partly because too much emphasis has been placed on reason, rather than on the heart and its emotions. Rousseau was an ardent defender of human liberty and equality. He prepared the French Revoltuion and its ideas about the equality of men, especially with his *Social Contract.* Other works of Rousseau are *The New Héloïse, Emile,* and *Confessions.*

Charles de Secondat de Montesquieu (1689-1755). His main works were the *Persian Letters, The Spirit of Laws,* and a diary which he called *My Thoughts.* He preached the separation of governmental powers. His ideas, considered radical in his time, contributed to the overthrow of the French monarchy. He admired the English Constitution, and his ideas helped shape the American Constitution. It is also important to mention Montesquieu's study of the Roman Empire, *Considerations Concerning the Causes of the Greatness of the Romans and of their Decline,* in which he explains the disintegration of the Empire. He tells us, among other philosophical points, that the world and its events are not determined by chance, but that man is responsible in large part for their happening.

Alphonse de Lamartine (1790-1869) was both a poet and a statesman. Among his main works are *First Poetical Meditations, Voyage in the Orient,* and *Confidences,* noteworthy for their lyrical quality.

Les Encyclopédistes. Denis Diderot (1713-1784), **Jean D'Alembert** (1717-1783), **Etienne de Condillac** (1715-1780) and many other literary and scientific minds of the 18th century collaborated in writing the 35 volume *Encyclopédie,* which brought man's progress in science, economics and thought up to date.

Alfred de Vigny (1797-1863) was one of the leaders of the Romantic movement in literature. Among his poems and plays are *Antique and Modern Poems, Military Servitude and Grandeur,* and *Chatterton.* His novels include *Stello* and *Cinq-Mars.*

François René de Chateaubriand (1768-1848) wrote two short novels, *Atala* and *René,* part of the larger *Génie du Christianisme,* in which the feelings of malaise of the Romantics were evident. Other works are *The Last of the Abencérages* and *Memoirs from Beyond the Grave.*

Victor Marie Hugo (1802-1885). Head of the Romantic movement, Hugo was prolific in both poetry and prose. Among his prose works are *Quatre-Vingt-Treize* (1893) and *Notre-Dame de Paris.* Among his poetic productions are *The Leaves of Autumn, Contemplations,* and *The Interior Voices.* His plays include *Marion de Lorme, Ruy Blas, Lucrezia Borgia,* and *Hernani.*

Alfred de Musset (1810-1857) poet and playwright, was involved in a stormy liaison with George Sand, the novelist. Among his poetry are *Tales of Spain and Italy, Hope in God,* and *Namouna.* His plays include *The Caprices of Marianne, Lorenzaccio,* and *Andrea del Sarto.*

Stendhal (pen name of **Henri Beyle**) (1783-1842) was a novelist and critic. His main works are *The Red and the Black, The Charterhouse of Parma,* and critical works on Haydn and Mozart.

Charles Baudelaire (1821-1867) poet whose main work is *The Flowers of Evil.* He translated the tales of the American **Edgar Allan Poe.**

George Sand (pen name of Aurore Dupin) (1804-1876). She had romantic liaisons with Musset and Chopin. Her novels include *Indiana, Lélia,* and *The Devil's Pond.*

Paul Verlaine (1844-1896) led a dissolute and tormented existence. His poetry, both lyrical and delicate shows the effect of his unhappy life. With **Rimbaud** (1854-1891) and **Baudelaire**, he represents the Parnassian School of Poetry, a reaction against the romantic movement, and a belief in "art for art's sake". Among his works are the *Saturnian Poems.*

Honoré de Balzac (1799-1850), One of the most prolific of French novelists, his *Human Comedy* is composed of more than 90 novels in which can be seen a picture of the society of his time. His 2,000 characters are presented with both realism and imagination. Some of the main novels in the series are *Cousin Betty, Eugénie Grandet, Father Goriot, The Search for the Absolute, Cousin Pons,* and *The Country Doctor.*

Alexandre Dumas (senior) (1803-1870) A popular and prolific novelist and dramatist. Among his plays were *Henry III and his Court, Antony,* and *The Tower of Nesle.* His novels, better known by the public than the plays, include *The Three Musketeers, The Count of Monte-Cristo, Twenty Years After, The Viscount of Bragelonne,* and *The Queen's Necklace.*

Alexandre Dumas (junior) 1824-1895) A novelist and playwright who is best known for *The Lady of the Camelias,* a novel that Giuseppe Verdi used as the plot for his opera *La Traviata.*

Gustave Flaubert (1821-1880) A novelist distinguished for his style, and for his criticism of human stupidity and baseness. His major works are *Madame Bovary, Salammbô, Trois Contes,* and *The Temptation of Saint Anthony.*

Guy de Maupassant (1850-1893) One of the finest French short story writers, of the naturalist school of writers. He presents the reader with the seamy side of life in most of his works. Some of his novels are *Pierre et Jean, Bel-Ami,* and *Strong as Death.* His many short stories include *The Piece of String, The Tellier House,* and *Mademoiselle Fifi.*

Alphonse Daudet (1840-1897), novelist and short story writer, of the realist school. Among his novels are the *Tartarin de Tarascon* series, *Le Petit Chose, Jack, Le Nabab,* and *Sapho.* Some of his short stories are included in the series of *Letters from my Mill* and *Monday Tales.* His play, *L'Arlésienne,* was put to music by Georges Bizet.

Emile Zola (1840-1902) Head of the naturalist school, he created the *Rougon-Macquart* series of twenty volumes, in which he traces the history of a family under the Second Empire (1852-1870), showing the influence of hereditary traits and environmental factors on the various members. Some of his most important volumes are *L'Assommoir, Germinal, Thérèse Raquin,* and *Nana.* In 1898 Zola published the famous manifesto *I Accuse,* in which he declared that Captain Dreyfus had been unjustly accused and falsely prosecuted.

Anatole France (1844-1924) pen name of François Thibault. He too was involved in the social and political conflicts of his time. Some of his most important novels are *The Crime of Sylvestre Bonnard, Thaïs,* and *Penguin Island.*

Pierre Loti (pen name of Julien Viaud) (1850-1923) described exotic scenes in his novels, and far off places like Constantinople, China, and Tahiti. Among his major works are *Madame Chrysanthème, Iceland Fisherman, Ramuntcho,* and *My Brother Yves.*

Marcel Proust (1871-1922) One of the most introspective novelists of all French literature. His 15 volumes which make up a major work called *Remembrance of Things Past,* present a detailed picture of the worldly society of the turn of the century, especially the literary and aristocratic salons which he knew well. Some of the volumes of his series are *Swann's Way, Guermantes' Way,* and *In the Shadow of Young Girls in Bloom*

André Gide (1869-1951), in his novels, often confesses the sins of his life. A moralist, many of his characters suffer through the same torments as Gide himself. Among his works are *The Pastoral Symphony, The Strait Gate, The Caves of the Vatican, The Immoralist,* and *The Counterfeiters.*

Romain Rolland (1866-1944), a biographer and novelist, wrote about the lives of *Beethoven* and *Tolstoi.* His major work is the ten volume *Jean-Christophe,* a fictional biography of a great musician.

Sidonie Gabrielle Colette (1873-1952) was one of the outstanding woman authors of her day. A music hall entertainer for a time, she understood and sympathized with women's problems in the chauvinist culture of the first half of the twentieth century. She also loved and understood animals, as shown in her novels *Dialogues of Animals* and *The Cat.* Among her other memorable works is the *Claudine* series: *Claudine at School, Claudine in Paris, Claudine Housekeeper,* and *Claudine Goes Away.*

Paul Claudel (1868-1955) His poems and plays are filled with a deeply mystical religious feeling. Among his plays are *The Hostage* and *The Announcement Made to Mary.* His important poetic production is entitled *Five Great Odes.*

André Maurois (1885-1967) author of novels and biographical works: *Climates, The Silences of Colonel Bramble, Disraeli,* and *Byron.*

François Mauriac (1885-1970) novelist who often shows a conflict between a person's religious faith and physical passion: *Thérèse Desqueyroux, The Black Angels, The Frontenac Mystery,* and *The End of the Night.*

Jean Giraudoux (1882-1944), a novelist and playwright noted for his imaginative wit, sometimes exaggerated to the point of becoming whimsical. His plays have had great success: *The Madwoman of Chaillot, Siegfried, Electra, Ondine, Tiger at the Gates,* and *The Apollo of Bellac.* Among his novels are *Siegfried and the Man From Limoges,* and *Bella.*

Jules Romains (1885-1972) Head of the school of *Unanimism,* a reaction against individualism in literature, and with a strong belief in group psychology and solidarity of emotion and action in mankind. His famous play, *Knock or The Triumph of Medicine,* written in 1923, has enjoyed continued success. His major work is the 27 volume series entitled *Men of Good Will,* in which the theme of unanimism is developed.

Albert Camus (1913-1960) A theme that runs through the works of this author is that man's destiny is absurd and meaningless. But in his celebrated novel, *The Plague,* we see that human togetherness and cooperation can overcome the negative aspects of this theme. The first, and most important novel written by Camus, is *The Stranger.* He also wrote a number of plays, including *Caligula* and *The Misunderstanding.*

Jean-Paul Sartre (born in 1905) is the chief advocate of the doctrine of existentialism. This doctrine, evident in his literary creations, denies the existence of God. Although there are many variations of existentialism, Sartre tells us that the "existence" of man precedes the "essence" of man. Man is not created according to a set pattern, but each one has the liberty and the responsibility to create his own essence. Some of his major works are *Nausea, The Wall, No Exit, Dirty Hands,* and philosophical treatises such as *Being and Nothingness.*

Marcel Pagnol (1895-1974) wrote the remarkable trilogy of plays that have enjoyed great success in France and other countries, *Marius, Fanny,* and *César.* Other plays are *Topaze* and *The Baker's Wife.*

Jean Anouilh (1910-   ) Dramatist who is well known for plays like *Antigone, The Thieves' Carnival, The Traveler without Baggage,* and *Rendez-vous at Senlis.* His plays generally fall into the category of "pièces roses", in which good and justice triumph, and "pièces noires", in which evil and ugliness triumph.

Eugène Ionesco (1912-   ) was born in Rumania, but spent most of his life in France. His plays are vehicles for ideas that have tormented him — the existence of man in this universe is an absurdity, as are man's contacts with other men and their futile efforts to communicate with one another. In *The Bald Soprano* and *The Lesson* he satirizes man's efforts to communicate with worn out and unimaginative conversation. But in spite of his pessimistic views, there is a good deal of humor in his plays. Other plays by Ionesco are *The Chairs* and *Rhinoceros.*

Antoine de Saint-Exupéry — (1900-1944) A novelist and pilot who died during a mission over occupied France. His most famous work, and one that earned him worldwide fame, was *The Little Prince,* which has been translated into many languages. He believed in the brotherhood of men, and in their close cooperation and friendship to gain worthwhile moral goals. Other works are *War Pilot* and *Night Flight.*

Two of the contemporary poets who deserve special mention are:

Saint-John Perse (1887-   ) Long a member of the French diplomatic service, he exiled himself to the United States during the Vichy regime in 1940. Some of his poetic collections are *Eulogies, Exile,* and *Winds.*

Jacques Prévert (1900-   ) Once linked with the surrealist movement in literature, he is also well known as a composer of scenarios for the movies, among which are *The Visitors of the Evening* and *The Children of Paradise.* Two collections of his poems are *Paroles* and *Stories.*

HIGHLIGHTS IN THE HISTORY OF FRENCH ART

The famous "grottes" or deep caves in the department of Dordogne, in which primitive man found shelter from the elements, contain some of the earliest prehistoric art works. In the tiny hamlet of Lascaux, whose caves were discovered by accident in 1940, there are remarkable wall paintings of prehistoric animals.

Among the famous artists of modern times, the following may be noted:

Jacques-Louis David (1748-1825), one of the foremost representatives of the school of classicism. Among his famous works are *The Coronation of Napoleon, The Tennis Court Oath, The Oath of the Horatii.*

Jean-Auguste-Dominique Ingres (1780-1867), a student of David, and representative of the school of classicism. Among his works is the well-known *Oepidus and the Sphinx.*

Théodore Géricault (1791-1824), pioneer of the school of romanticism in painting. His major work is the *Raft of the Medusa.*

Eugène Delacroix (1798-1863), head of the romantic school of painting. Among his works are *The Capture of Constantinope by the Crusaders* and *Hamlet and the Gravediggers.*

Gustave Courbet (1819-1877), representative of the school of realism in painting. Major works are *The Burial at Ornans* and *The Spinner.*

Honoré Daumier (1808-1879), caricaturist who satirized the official administration and its leaders. One of his masterpieces is *The Third Class Carriage.*

Théodore Rousseau (1812-1867), landscape painter, of the naturalist school. Among his masterpieces are *The Chestnut Tree Walk* and *The Gorges of Apremont.*

Jean-François Millet (1815-1875) claimed by both the school of realism and naturalism. Among his masterpieces are *The Angelus, The Gleaners* and *The Spinner.*

Jean-Louis-Charles Garnier (1825-1898), architect whose major work is the *Opéra* in Paris.

Alexandre-Gustave Eiffel (1832-1923), engineer whose most famous work is the *Eiffel Tower* in Paris.

Eugène-Georges Haussmann (1809-1891), responsible for the construction of the broad avenues in Paris.

The following artists are members of the Impressionist School, although each has his own particular technique:

Claude Monet (1840-1926) possessed an outstanding ability to show the effect of light on the subjects he chose: *The Cathedral of Rouen, The Bridge of Europe, Canal in Holland,* and *Water Lilies.*

Camille Pissarro (1831-1903) landscape painter especially of country scenes. *The Quays of the Seine* is one of his major works.

Pierre-Auguste Renoir (1841-1919) was one of the most famous members of the impressionist school, with a remarkable ability to show the effect of the sun on his subjects: *The Swing, The Bridge of Chatou, At the Seashore, Three Bathers.*

Edouard Manet (1832-1883) Among his famous works are *The Fifer, Lunch on the Grass, Olympia, The Good Bock.*

Edgar Degas (1834-1917) was famous for his paintings of ballet dancers, scenes at the race track, and his horse sculptures.

Paul Cézanne (1839-1906) was probably one of the most important painters of his time, with great influence on his contemporaries. Among his many works are his *Self Portrait*, the *Mont Sainte-Victoire* and *The Card Players.*

Vincent van Gogh (1853-1890) born in Holland, but lived many years in France, a member of the so-called neo-impressionist school of painting. Among his works are *The Arlésienne, White Roses, Apple Trees in Bloom,* and *The Olive Trees.*

Pablo Picasso (1881-1973) Spanish by birth, Picasso was constantly in search of new forms of expression, but often reverted to the more classic forms of art. He spent many years in Paris and southern France. Horrified by the Spanish Civil War, he painted *Guernica* and *The Woman who Weeps.* He helped launch the cubist movement in art, and was one of the most influential and controversial artists of the contemporary era. Other works are *The Young Ladies of Avignon* and the *Flute of Pan.*

Among the many important French sculptors, three are most noteworthy:

François Rude (1784-1855) sculpted *La Marseillaise* on the Arch of Triumph in Paris. This work has also been called *The Departure of the Volunteers.*

Auguste Rodin (1840-1917) Among his famous creations are *The Thinker, The Prodigal Child,* and *The Bourgeois of Calais.*

Aristide Maillol (1863-1944) A number of his works can be seen in Le Jardin des Tuileries in Paris. Notable are many statues of nude women: *Flora, Pomona,* and *Venus.*

SOME OUTSTANDING FRENCH SCIENTISTS

France has always held a prominent place in the development of Science. Some of its notable contributors have been the following:

Ambroise Paré (1509-1590), Surgeon to a number of French kings. He developed the method of tying off arteries in amputations, to replace the old and tortuous system of cauterization.

Antoine Laurent de Lavoisier (1743-1794) One of the fathers of modern chemistry. Discovered the scientific principle of the conservation of matter, and the role of oxygen in combustion. He died on the guillotine during the French Revolution.

Jean-Baptiste de Lamarck (1744-1892) was the first scientist to attempt to forecast the weather. He made meteorological charts and reports each year. He was a botanist and biologist, and he contributed to the theory of organic evolution. He wrote *French Flora, The Botanical Encyclopedia,* and *The Natural History of Invertebrates.*

Georges Cuvier (1769-1832) was a zoologist and paleontologist, the creator of comparative anatomy and paleontology.

André Marie Ampère (1775-1836) was a physicist and mathematician, who discovered the relationship between electricity and magnetism. His principal work was in the area of electro-magnetism and electrodynamics. His name is still used as a measure of electric currents.

Louis Pasteur (1822-1895) was the creator of the science of microbiology. Among his greatest contributions was his work to prevent infections. He refuted the accepted theory of spontaneous generation of germs, showing that they come from the air, and that they can be killed and controlled. He discovered the parasite that was killing silkworms, and thus saved the silk industry in France. He developed the process of pasteurization of milk, as well as a treatment for the hitherto fatal disease of hydrophobia.

Pierre Curie (1859-1906) and **Marie Curie** (1867-1934) Working as a team, they discovered polonium and radium, which has been used successfully in the treatment of cancer. They also did research in radioactivity. Marie Curie, who was born in Poland, became the first woman professor to teach at the Sorbonne, taking over the chair of physics left vacant by the death of her husband.

STUDENT'S GUIDE
TO
BASIC FRENCH

HOW TO PRONOUNCE FRENCH BETTER

In order to improve your pronunciation of the French sounds, try to imitate the French of your classroom teacher and of the taped lessons.

In pronouncing French vowel sounds, there is no **glide** or **diphthong**. This can be seen when we compare the following English and French sounds:

English	*French*
day	dé
boo	boue
see	si
sew	seau

In these examples you will note, if you listen carefully to your teacher's pronunciation, that there is **no glide**. This is true of French vowels in general. The sound is clipped or cut off.

The following are hints for the pronunciation of French vowel combinations and are **only approximately correct**, since very few English and French sounds are exactly alike. Your teacher's pronunciation and that of the taped voices you hear in class are the most reliable indications of native French pronunciation.

au, eau, os, aus, ô   like the **o** in **so** (no glide)

examples:
- seau (pail)
- tôt (early)
- vos (your)
- côte (coast)
- maux (ills)
- zone (zone)
- aumône (charity)
- chaud (warm)
- nôtre (ours)
- faux (false)

é, ai, ez, er, ef, ed, es   like the **ay** in **pay** (no glide)

examples:
- bébé (baby)
- mes (my)
- serai (will be)
- nez (nose)
- pied (foot)
- clef (key)
- parler (to speak)
- sécher (to dry)
- été (summer)
- les (the)

i   like the **ee** in **see** (no glide)

examples:
- si (if)
- qui (who)
- vit (lives)
- ici (here)
- vive (vivid)
- ris (laugh)

ais, ait, aient, ette, è, ê   like the **e** in **set**
est, aine, **ei**ne

examples:
- père (father)
- mène (leads)
- allait (was going)
- étais (was)
- laine (wool)
- Seine (Seine)
- est-ce (is it)
- cette (this)
- tête (head)
- veste (coat)

a, à   like the **a** in **bat**

    examples: l**a** (the)   p**a**rler**a** (will speak)
                 l**à** (there)   s**a**voir (to know)
                 P**a**ris   m**a** (my)
                 b**a**t (beats)   r**a**mer (to row)
                 c**a**nne (cane)   cond**a**mner (to condemn)

u, eu (past participle of **avoir**)   like the English **ee** sound, pronounced
                                                 with the lips extended

    examples: j**u**s (juice)   l**u**t (read)
                 p**u** (been able)   r**ue** (street)
                 eu (had)

eux, oeufs, eu, eut, eue   like the **u** in **put** pronounced with the
                                                 lips extended

    examples: b**oeu**fs (oxen)   q**ueue** (tail)
                 y**eux** (eyes)   d**eux** (two)
                 p**eu** (few)   v**eut** (wants)

eur, oeur, eu   like the **ur** in **blur,** but with the lips
                                               drawn back

    examples: s**oeur** (sister)   m**eur**t (dies)
                 l**eur** (their)   v**eu**lent (want)

oi, oî   like the **wa** in **watch**

    examples: m**oi** (me)   tr**oi**s (three)
                 b**oî**te (box)   d**oi**gt (finger)

e   like the **u** in **put**

    examples: l**e** (the)   qu**e** (that)
                 t**e** (you)   d**e** (of)

(Also pronounced like this **e**):
the **on** of m**on**sieur (sir)
the **ai** of f**ai**sait (was doing)

g (before **a, o,** or **u**)   like the **g** in **get**

    examples: **g**ant (glove)   au**g**ure (augury)
                 gomme (eraser)   **g**ain (gain)

ch   like **sh** in **sheer**

    examples: **ch**ose (thing)   **ch**iper (to swipe)
                 chat (cat)   **ch**ou (cabbage)

    exception: almana**ch**   (**ch** is silent)
                  (almanach)

gn like **ny** in **canyon**

    examples: monta**gn**e (mountain)   campa**gn**e (country)
               ga**gn**er (to earn)   pei**gn**e (comb)

ent (of verb endings)   not pronounced

    examples: chant**ent** (are singing)
               parlai**ent** (were speaking)

The French consonants have approximately the same pronunciation as the English consonants, but with the following exceptions:

ll   sometimes like the **ll** in **allow**

    examples: vi**ll**e (city)   tranqui**ll**e (quiet)
               vi**ll**age (village)   mi**ll**e (thousand)
                                            but in almost all other cases like **eeee** with a **y** sound following

    examples: fi**ll**e (girl)   pi**ll**er (to pillage)
               fami**ll**e (family)   bi**ll**e (marble)

h   **never pronounced.** Sometimes aspirate with no liaison allowed

    examples: le **h**omard (the lobster)
               les **h**ors-d'oeuvre (the appetizers)
                                          sometimes mute, with liaison

    examples: l'**h**oraire (the schedule)
              l'**h**istoire (the story)

r   trilled by using the uvula and making it vibrate

s (between vowels)   like the **z** in **haze**

    examples: bai**s**er (kiss)   bi**s**e (north wind)
               mai**s**on (house)   o**s**er (to dare)

ss, **ti** (sometimes), **s** (not between vowels), **c** (before **i** or **e**), **ç**, **x** (in **six** and **dix** sometimes)   like the **s** in **sing**

    examples: de**ss**ert (dessert)   sauf (except)
               na**ti**on (nation)   pen**s**er (to think)
               ce**c**i (this)   si**x** (six)   *When these are the final
                                       di**x** (ten)   words of sentence
               fran**ç**ais (French)

q, qu, c (before **a, o, u**)   like **k** in **kill**

    examples: **c**o**q** (cock)   **c**ouper (to cut)
               qui (who)   **c**ure (cure)
               car (for)   rau**qu**e (hoarse)

g (before **e** or **i**)   like the **z** in a**z**ure

    examples: **G**i**g**i (Gigi)   a**g**ir (to act)
              gémir (to groan)   a**g**ent (agent)

o   like the **u** in s**u**m

    examples: s**o**l (soil)   aut**o**mne (autumn)
              c**o**mme (as)   d**o**t (dowry)
              c**o**q (cock)   m**o**lle (soft)

â, as   like the **a** in f**a**ther

    examples: b**as** (low)   p**as**ser (to pass)
              p**â**le (pale)   cl**as**se (class)
              ch**â**teau (castle)   p**â**te (paste)

ou, où   like the **oo** in p**oo**l (no glide)

    examples: r**ou**e (wheel)   c**ou** (neck)
              t**ou**t (all)   f**ou** (crazy)

ain, aim, in, ein, ien   (nasal sound: no equivalent)

    examples: n**ain** (dwarf)   ser**ein** (serene)
              d**aim** (deer)   b**ien** (well)
              f**in** (end)   t**ein**t (complexion)

an, en, em   (nasal sound: no equivalent)

    examples: bl**an**c (white)   s**an**g (blood)
              r**en**d (gives back)   d**an**s (into)
              t**em**ps (time)   qu**an**d (when)

on, om   (nasal sound: no equivalent))

    examples: b**on** (good)   p**on**t (bridge)
              l**on**g (long)   c**om**pter (to count)

un, um   (nasal sound: no equivalent)

    examples: l'**un** (the one)   l**un**di (Monday)
              parf**um** (perfume)   qu'**un** (that one)

oui   like the word **we** (slightly lengthened)

    examples: **oui** (yes)   L**oui**s (Louis)
              ouir (to hear)   camb**oui**s (grease)

ui, uy   a combination of the French **u** and **i** (see both these sounds)

    examples: h**ui**t (eight)   enn**uy**er (to annoy)
              l**ui** (him)   n**ui**t (night)

PART I: GRAMMAR
LESSON I

THE DEFINITE, INDEFINITE, AND PARTITIVE ARTICLES

1. **The Definite Article** (L' article défini)
   The definite articles in French are: **le, la, l', ** and **les.**

   le is used before a masculine singular noun beginning with a consonant or aspirate **h**: **le** papier, **le** professeur, **le** homard

   la is used before a feminine singular noun beginning with a consonant or aspirate **h**: **la** fille, **la** maison, **la** hache

   l' is used before masculine or feminine singular nouns beginning with a vowel or mute **h**: l'orage, l'homme, l'affiche

   les is used before all plural nouns, both masculine and feminine: **les** hommes, **les** arbres, **les** haches, **les** femmes

   There are **four** contractions in French, formed by the prepositions **à** and **de** plus **le** and **les:**

   à + le   au: au garçon, *au* professeur
   à + les   aux: aux employés, *aux* hommes
   de + le   du: du président, *du* homard
   de + les   des: des amis, *des* hommes, *des* histoires

   (there is no contraction of **à** or **de** with **l'** or **la**)

   Uses of the Definite Article
   a. Before nouns used in a general or abstract sense:

   | **Les** dames sont élégantes. | **La** liberté est très chère. |
   | **La** chimie est une science. | **Les** soldats sont courageux. |

   b. Before names of languages, unless a form of the verb ***parler*** immediately precedes:
   Il étudie *le* latin.   Je comprends **le** français
   Elle parle allemand.   Je parle russe.

   *No article is used before the name of a language if the preposition **en** or **de** precedes:*

   *Il le dit **en** français.*   Nous allons écrire **en** anglais.
   Voici un livre **de** français.   La classe **de** latin est petite.

   c. Before proper nouns preceded by adjectives or titles:
   Le Président Lincoln est venu.   **La** belle Hélène entre en scène.
   The article is omitted in direct address: **Bonjour, capitaine Dupont.**

   d. The definite article is repeated before each noun:
   Le livre et **le** cahier sont sur ma table.

e. Before parts of the body, the definite article is used instead of the possessive adjective:
Elle a mal à **la** tête.   Je me lave **les** cheveux.
*However, when the possessor is not clear, the possessive adjective is used: **Ses** yeux sont plus petits que **vos** yeux.*

f. Before days of the week, to indicate a **regular** occurrence:
Le lundi elle lave son linge.   **Le** dimanche on va à l'église.
*For a single occurrence, omit the article: **Samedi j'ai vu votre soeur.***

g. Before seasons of the year:
Nous préférons l'été à l'hiver.

h. Before nouns of quantity, to indicate "per":
J'ai payé dix francs **le** kilo.

2. **The Indefinite Article** (L'article indéfini)
The indefinite articles in French are: **un** and **une**

un is used before masculine singular nouns: **un** livre, **un** arbre

une is used before feminine singular nouns: **une** fille, **une** idée

Omission of the Article
a. After the exclamation **quel!, quelle! quels!, quelles!**
Quelle belle vue de la Tour Eiffel!

b. Before a predicate noun of profession, nationality or religion:
Mon père est avocat.   Elle est Américaine.
Jean est chrétien.   Il est docteur.

When the noun is modified, the article must be used:
C'est **un** excellent professeur.   J'ai trouvé **un** bon médecin.

c. Before a noun in apposition:
Elle est allée à Washington, capitale des Etats-Unis.

d. Generally, when **en** precedes the noun:
Nous nageons en été, et nous faisons du ski en hiver.
Allez-vous en Allemagne?

3. **The Partitive Article** (L'article partitif)
The partitive article in French is made up of **de** plus a form of the definitive article: **du, de la, de l', des.** Sometimes, however, **de** alone is used.

Uses of the Partitive Article
a. To indicate **some** or **any** even when this is not expressed in English:
Il a **des** plumes.   Vous gagnez **de l'**argent.
Ils mangent **de la** viande.   A-t-il **du** temps?

Omission of the Definite Article in the Partitive

There are three cases where **de** alone, without the definite article, is used to express the idea of **some** or **any:**

a. After nouns and adverbs of quantity:
beaucoup **de** cahiers (many)   plus **de** confiance (more)
trop **de** fautes (too many)   peu **de** patience (little)
tant **de** cadeaux (so many)   combien **de** drapeaux (how many)
assez **de** temps (enough)   une livre **de** thé (a pound of)
une boîte **de** bonbons (a box of)

Among other such expressions are un peu de (a little), moins de (less), un litre de (a liter of), autant de (as much as), une douzaine de (a dozen of), une tasse de (a cup of), un verre de (a glass of), etc.

There are two important exceptions to this rule, which should be noted carefully:
La plupart **du** temps   (most of the time)
Bien **des** fois   (many times)

   b. When the sentence is negative:
      Elle ne fume pas **de** cigarettes.   (She doesn't smoke cigarettes.)
      Il ne lit jamais **de** livres.   (He never reads any books.)

   c. When an adjective precedes a plural noun:
      de grandes villes   **de** mauvaises histoires

   *But **des** jeunes filles, since this is considered one word.*

4. The Partitive Pronoun **en** is used to translate such words as "of it," "of them," "some" and "any," even when these expressions are omitted in English:
      Il **en** a.   (He has some.)
      Il y **en** a six.   (There are six.)
      Nous **en** avons deux.   (We have two.)
      Elle **en** a beaucoup.   (She has a great deal.)

5. Verbs such as **aimer** (to like, to love), **préférer** (to prefer), and **aimer mieux** (to prefer) are followed by the definite article, not by the partitive:
      Elle préfère **le** tennis.   (She prefers tennis.)
      J'aime **les** pommes.   (I like apples.)
      Nous aimons mieux **le** thé. (We prefer tea.)

EXERCISES ON LESSON I

I. In the following sentences, fill in the blanks with the correct form of the definite article (*le, la, l', les*), the indefinite article (*un, une*), or the partitive (*du, de la, de l', des, de, en*). In some cases, of course, the blanks are to be left with nothing filled in.

1. J'aime _____ ski; Jean ne fait pas _____ ski.
2. _____ football et _____ natation sont mes sports favoris.
3. Ce soir nous avons mangé _____ viande et _____ carottes.
4. J'ai trois frères, et il _____ a deux.
5. Nous sommes sortis avec _____ jolies jeunes filles.
6. La plupart _____ langues sont difficiles à apprendre.
7. Il a acheté un kilo _____ pommes et beaucoup _____ oignons.
8. Donnez-moi une livre _____ café; son ami préfère _____ thé.
9. Son père est _____ avocat; son oncle est _____ docteur.
10. _____ samedi soir il a vu ses amis.
11. Bien _____ garçons font du football chez nous.
12. Je parle _____ anglais; ils comprennent _____ français.
13. Aimez-vous _____ chocolat? Il y _____ a assez pour nous deux.
14. _____ lundi nous allons toujours en classe.
15. Voilà _____ bon pain; ma soeur ne mange pas _____ pain.
16. Ils mettent trop _____ sucre dans leur café.
17. J'ai bu un verre _____ eau, et il a pris une tasse _____ lait.
18. Il a reçu _____ mauvaises notes.
19. Je n'ai jamais vu tant _____ grandes maisons!
20. Je ne mange plus _____ tomates; je préfère _____ salade.
21. Elle est _____ Française; son frère est _____ grand docteur.
22. _____ professeur Dancourt est arrivé avec _____ collègues.
23. Il faut avoir un peu _____ patience pour bien comprendre.
24. Il a fait autant _____ fautes que vous.
25. Combien _____ oeufs achète-t-elle? Elle _____ achète six.
26. Bonsoir, _____ docteur Brown; _____ docteur Smith est ici.
27. Il a peu _____ temps, mais j' _____ ai assez.
28. Elle étudie _____ latin, et elle lit _____ grec.
29. Il connaît _____ jeunes filles à Boston.
30. Je désire une boîte _____ bonbons avec beaucoup _____ caramels.

II. Translate the following phrases:

1. a piece of cake; a bottle of ink, a dozen eggs

2. how many cousins; enough time; more hours

3. a cup of tea; a glass of milk; a pair of shoes

4. fewer mistakes; many occasions; as many times

5. a box of candy; a pound of meat; a pile of sand

6. little patience; too many books; so many children

7. a collection of stamps; a century of war; a portion of meat

8. a little money; too much bread; a sack of potatoes

9. a package of letters; a basket of fruit; a pile of stones

10. so many languages; enough friends; too many hours

LESSON II

NOUNS, ADJECTIVES, AND ADVERBS

1. **Nouns** (Les noms)

    French nouns are either masculine or feminine; their gender can always be determined by the definite or indefinite article:

le hibou (the owl)	la rue (the street)
une amie (a friend)	un avion (an airplane)

    Since **l'** does not identify the gender of those nouns beginning with a vowel or mute **h**, (l'atmosphère, l'opinion, l'héroïne) these nouns should be learned with the indefinite article (une atmosphère, une opinion, une héroïne).

    Plural of Nouns

    Most nouns form their plural by simply adding **s** to the singular:

le lion (the lion)	les lions (the lions)
la rivière (the river)	les rivières (the river)

    a. Nouns ending in **au, eu,** and some in **ou** form their plural by adding **x**:

le seau (the pail)	les seaux
la peau (the skin)	les peaux
le château (the castle)	les châteaux
le cheveu (the hair)	les cheveux
le feu (the fire)	les feux
le caillou (the pebble)	les cailloux
le bijou (the jewel)	les bijoux
le chou (the cabbage)	les choux
le genou (the knee)	les genoux
le hibou (the owl)	les hiboux

    Most other nouns ending in **ou** form their plural by adding **s**:

le clou (the nail)	les clous
le trou (the hole)	les trous
le sou (the penny)	les sous

    b. Nouns ending in **s, x,** or **z** remain unchanged in the plural:

la fois (the time)	les fois
le repas (the meal)	les repas
la voix (the voice)	les voix
la noix (the walnut)	les noix
le prix (the prize)	les prix
le nez (the nose)	les nez

    c. Many nouns ending in **al** and **ail** change to **aux** in the plural:

le métal (the metal)	les métaux
l'animal (the animal)	les animaux
le vitrail (the stained glass)	les vitraux
le travail (the work)	les travaux

Exceptions are:

le bal (the ball)	les bals
le carnaval (the carnival)	les carnavals
le détail (the detail)	les détails

d. Some nouns have irregular plurals:

l'oeil (the eye)	les yeux
le ciel (the sky)	les cieux
le monsieur (the gentleman)	les messieurs
madame (Mrs.)	mesdames
mademoiselle (Miss)	mesdemoiselles
le timbre-poste (the stamp)	les timbres-poste

e. Hyphenated nouns usually make both words plural:

le grand-père (the grandfather)	les grands-pères
la belle-soeur (the sister-in-law)	les belles-soeurs
le beau-frère (the brother-in-law)	les beaux-frères

Exception: **la grand-mère**   (the grandmother)   **les grand-mères**
(Also written   **la grand'mère   les grand'mères**)

f. If compound nouns are joined by a preposition, generally only the first is made plural:

l'arc-en-ciel (the rainbow)	les arcs-en-ciel
le chef-d'oeuvre (the masterpiece)	les chefs-d'oeuvre

g. The following compound nouns do not change in the plural:

l'après-midi (the afternoon)	les après-midi
le réveille-matin (the alarm clock)	les réveille-matin

h. Family names do not change in the plural:

Les Smith et les Dupont   (The Smiths and the Duponts)

2. **Adjectives**   (Les adjectifs)

Adjectives in French must agree in number and gender with the nouns or pronouns that they modify.

Feminine of Adjectives

Usually the feminine is formed by adding **e** to the masculine form:

grand (big)   grand**e**   petit (small)   petit**e**

a. Adjectives that end in mute **e** in the masculine remain unchanged in the feminine:

malade (sick)   malade   jaune (yellow)   jaune

b. Adjectives that end in **x** change the **x** to **s** and add **e**:

joyeux (joyous)   joyeu**se**   heureux (happy)   heureu**se**

c. Adjectives that end in **f** change **f** to **v** and add **e**:

actif (active)   acti**ve**   attentif (attentive)   attenti**ve**

d. Many adjectives double the final consonant and add **e**:

bon (good)   bon**ne**   pareil (like)   parei**lle**
ancien (ancient)   ancien**ne**   breton (Breton)   breton**ne**
bas (low)   bas**se**   gros (husky)   gros**se**
cruel (cruel)   cruel**le**   sot (silly)   sot**te**
épais (thick)   épais**se**   net (clean)   net**te**
parisien (Parisian)   parisien**ne**   tel (such)   tel**le**

e. Adjectives that end in **er** change to **ère**:

premier (first)   premi**ère**   fier (proud)   fi**ère**
dernier (last)   derni**ère**   cher (dear)   ch**ère**

Plural of Adjectives

Usually add **s** to the masculine singular to form the masculine plural, and add **s** to the feminine singular to form the feminine plural:

haut (high)   haut**s**   haute   haute**s**
espagnol (Spanish)   espagnol**s**   espagnole   espagnole**s**

a. Adjectives that end in **al** generally change to **aux** in the masculine plural:

national (national)   nation**aux**
social (social)   soci**aux**

b. Adjectives that end in **s** or **x** do not change in the masculine plural:

gras (fat)   gras   heureux (happy)   heureux
bas (low)   bas

Some Common Irregular Adjectives:

Meaning	Masculine Singular	Feminine Singular	Masculine Plural	Feminine Plural
favorite	favori	favorite	favoris	favorites
fresh	frais	fraîche	frais	fraîches
worried	inquiet	inquiète	inquiets	inquiètes
long	long	longue	longs	longues
public	public	publique	publics	publiques
beautiful	beau	belle	beaux	belles
new	nouveau	nouvelle	nouveaux	nouvelles
old	vieux	vieille	vieux	vieilles
dry	sec	sèche	secs	sèches
all	tout	toute	tous	toutes
sweet	doux	douce	doux	douces
white	blanc	blanche	blancs	blanches

Special Forms of Four Important Adjectives:

Four important French adjectives have a special form that is used before a masculine singular noun beginning with a vowel or mute **h**:

ce (this)	cet homme	cet ami
beau (beautiful)	le bel arbre	le bel habit
nouveau (new)	le nouvel avion	le nouvel habit
vieux (old)	le vieil arbre	le vieil habitant

Position of Adjectives in Relation to Their Noun:

a. Usually adjectives follow the noun they modify, especially those that are rather long and not very common. **All adjectives of color must follow the noun.**

b. However a number of shorter adjectives generally **precede** the noun:

autre (other)	joli (pretty)
beau (beautiful)	long (long)
bon (good)	mauvais (bad)
chaque (each)	nouveau (new)
court (short)	petit (small)
gentil (nice)	plusieurs (several)
grand (big)	tout (all)
gros (husky)	vieux (old)
jeune (young)	

c. Some adjectives have one meaning when placed before the noun, and a different meaning when placed after it:

un **ancien** élève   (a former student, an alumnus)
un costume **ancien**   (an ancient costume)

un soldat **brave**   (a brave soldier)
un **brave** homme   (a good man)

un **cher** ami   (a dear friend)
un appartement **cher**   (a costly appartment)

l'année **dernière**   (last year)
la **dernière** année   (the last year)

la vie **même**   (life itself)
la **même** vie   (the same life)

une maison **propre**   (a clean house)
ma **propre** maison   (my own house)

It is considered that the literal meaning is used when the adjective follows:

ancien = ancient	propre = clean
brave = brave	dernier = last (just gone by)
cher = expensive	

Comparison of Adjectives

a. Adjectives have three degrees of comparison: the positive, the comparative, and the superlative.

Positive	Comparative	Superlative
agréable (pleasant)	plus agréable (more pleasant)	le plus agréable (the most pleasant)
	moins agréable (less pleasant)	le moins agréable (the least pleasant)
	aussi agréable (as pleasant)	

Thus the comparative is formed in most adjectives by placing **plus, moins,** or **aussi** before the positive form. The superlative is formed by placing the definite article **(le, la, les)** before the word **plus** or **moins** of the comparative. Other examples are:

Positive	Comparative	Superlative
élégant	plus élégant	le plus élégant
	moins élégant	le moins élégant
	aussi élégant	

In all cases, of course, the article and adjective must agree in number and gender with the noun it modifies:

Cette chemise est **aussi grande** que la mienne.
Ce sont **les plus petits** élèves de la classe.

*Note that the comparative "as" or "than" is translated by **que**. The preposition following superlative is translated by **de**.*

b. The comparison of three French adjectives must be noted as irregular:

Positive	Comparative	Superlative
bon (good)	meilleur (better)	le meilleur (best)
mauvais (bad)	pire (worse)	le pire (the worst)
	plus mauvais (worse)	le plus mauvais (the worst)
petit (small)	plus petit (smaller)	le plus petit (the smallest)
	moindre (lesser)	le moindre (the least)

*It should thus be noted that the adjectives **mauvais** and **petit** have two possible comparisons, and that their meaning may differ somewhat.*

c. In the superlative of adjectives that follow the noun, the definite article appears twice. Note the different constructions used for those adjectives that follow the noun compared to those that precede.

les plus jolies fleurs	(the prettiest flowers)
les plus grands arbres	(the biggest trees)
les jeunes filles **les plus intelligentes**	(the most intelligent girls)
les salles **les plus énormes**	(the most enormous rooms)

d. In the negative comparison, **aussi** is replaced by **si**:

Il est **aussi** aventureux que son cousin.
In n'est pas **si** aventureux que son cousin.

e. The possessive adjective **may take the place of** the definite article in the superlative:

mon plus cher souvenir   (my dearest memory)
mon souvenir le plus intéressant   (my most interesting memory)

3. **Adverbs** (les adverbes)

French adverbs are usually formed by adding **ment** to the feminine singular of the adjective:

heureuse**ment** (fortunately)   cruelle**ment** (cruelly)
complète**ment** (completely)   fière**ment** (proudly)

a. If the masculine form of the adjective ends in a vowel, **ment** is added to the **masculine singular form:**

poli**ment** (politely)   absolu**ment** (absolutely)
rapide**ment** (rapidly)   hardi**ment** (boldly)

b. To form the adverb from most adjectives ending in **ant**, or **ent**, drop the **ant** or **ent** and add **amment** or **emment**:

constant (adjective)   const**amment** (constantly)
évident (adjective)   évid**emment** (evidently)

Exception: lent (adjective)
             lentement (slowly)

c. Some adjectives must add **é** before adding **ment**:

précis (adjective)   précis**é**ment (precisely)
aveugle (adjective)   aveugl**é**ment (blindly)
énorme (adjective)   énorm**é**ment (enormously)

d. A number of adverbs are quite irregular, among which are the following important ones:

bon (adjective)   bien (well)
mauvais (adjective)   mal (badly)
gentil (adjective)   gentiment (nicely)

Comparison of Adverbs

In general, adverbs are compared like adjectives:

prudemment   plus prudemment   le plus prudemment
 (prudently)   moins prudemment   le moins prudemment
                  aussi prudemment

Some adverbs are compared irregularly:

bien (well)	mieux (better)	le mieux (the best)
mal (badly)	plus mal (worse)	le plus mal (the worst)
	pis (worse)	le pis (the worst)
beaucoup (much)	plus (more)	le plus (the most)
peu (little)	moins (less)	le moins (the least)

It should be noted that **mal** *has two sets of comparisons.*

Position of Adverbs

In general, adverbs immediately follow the word they modify:

Il est parti **immédiatement.**   Nous sortons **rarement.**
Nous marchons **vite.**   Elle parle **mieux** que moi.

In compound tenses, certain short and common adverbs precede the past participle:

J'ai **toujours** réussi.   Ils avaient **beaucoup** travaillé.
Vous avez **bien** dormi.   Il a **déjà** téléphoné.

Note the difference between the adverb **mieux** (better) and the adjective **meilleur** (better).

Cette saison est **meilleure.**   Elle comprend **mieux.**

EXERCISES ON LESSON II

I. Write the following nouns and adjectives in the plural:

1. le genou _____
2. un oeil _____
3. le hibou _____
4. la grand-mère _____
5. le carnaval _____
6. le général _____
7. l'après-midi _____
8. le lieu _____
9. un animal _____
10. le palais _____
11. le bal _____
12. le gâteau _____
13. le chou _____
14. le travail _____
15. le fils _____
16. un monsieur _____
17. le réveille-matin _____
18. le ciel _____
19. le cheval _____
20. le nez _____
21. agréable _____
22. gris _____
23. ancien _____
24. étranger _____
25. principal _____
26. français _____
27. malheureux _____
28. tel _____
29. vif _____
30. cruel _____
31. bas _____
32. cher _____

II. Change the adjectives from **21** to **32** of Exercise I to the feminine singular and feminine plural.

21. _____
22. _____
23. _____
24. _____
25. _____
26. _____
27. _____
28. _____
29. _____
30. _____
31. _____
32. _____

III. Give all the forms of the comparative and the superlative of the following adjectives and adverbs:

Examples: cruellement   plus cruellement   le plus cruellement
                         moins cruellement   le moins cruellement
                         aussi cruellement

           joli   plus joli   le plus joli
                         moins joli   le moins joli
                         aussi joli

1. bon _____   8. peu _____

2. vite _____   9. intelligents _____

3. mauvaise _____ 10. précieuse _____

4. beaucoup _____ 11. beau _____

5. longues _____ 12. aveuglément _____

6. petit _____ 13. intéressant _____

7. bien _____ 14. méchante _____

IV. Form the adverbs from the following adjectives:

1. cher _____   10. mauvais _____
2. fréquent _____   11. cruel _____
3. franc (like **blanc**) ___ 12. absolu _____
4. public _____   13. complet _____
5. poli _____   14. fier _____
6. constant _____   15. vrai _____
7. énorme _____   16. évident _____
8. heureux _____   17. doux _____
9. gentil _____   18. frais _____

V. In the following sentences, place the proper forms of the adjective or adverb in their correct position in the sentence. Rewrite the whole sentence in each case.

1. Nous avons compris la leçon. (bien)

   _____

2. Voilà un arbre. (beau)

   _____

3. Elle a commencé à marcher. (rapidement)

4. Il lui a donné des fleurs. (joli)

5. J'ai voulu voyager. (toujours)

6. C'est une chambre. (confortable)

7. Il demande les choses. (le plus difficile)

8. On lui a donné les bonbons. (meilleur)

9. Nous avons fini la leçon. (le plus facile)

10. Avez-vous lu des livres? (autre)

VI. Translate the following sentences and phrases into French:

1. a dear friend; an expensive gift

2. He speaks best; Here is my best composition.

3. the last week; last week

4. my former teacher; an ancient house

5. He isn't as interesting as his friend.

6. the greatest college; the most pleasant days

7. a clean room; my own room

8. the happiest girls; all the good boys

9. the favorite class; the worried mothers

10. a brave man; a good young man

LESSON III

GEOGRAPHICAL NAMES

1. Before the names of cities, **to, at** or **in** is expressed by the preposition **à** without the definite article:

    à Paris   à Chicago
    à New-York   à Bruxelles

    However, when the definite article is part of the name of the city, the article is retained:

    à la Nouvelle-Orléans   **à la** Haye (to the Hague)
    (to New Orleans)
    au Havre (to le Havre)   **à la** Havane (to Havana)

2. Before the names of cities, *of* or *from* is expressed by the preposition **de** without the definite article:

    de Paris   **de** Chicago
    de New-York   **de** Bruxelles

    However, when the definite article is part of the name of the city, the article is retained:

    de la Nouvelle-Orléans   **de la** Haye
    du Havre   **de la** Havane

3. To express *to* or *in* before the names of continents, feminine countries, and feminine states and provinces, the preposition **en** is used:

    en Amérique   **en** Normandie
    en France   **en** Bretagne
    en Europe   **en** Floride
    en Russie   **en** Californie

    Countries that end in e are feminine, with the exception of **le Mexique:**

    la France   **la** Russie

4. To express *from* or *of* before the names of masculine countries, or modified feminine countries or continents, **de** plus the definite article is used:

    du Mexique   **de l'**Italie septentrionale
    des Etats-Unis   (Northern Italy)
    de l'Amérique du Nord   **du** Canada

5. To express *to* or *in* before the names of masculine countries, **à** plus the definite article is used:

    aux Etats-Unis   **au** Portugal
    au Danemark   **au** Canada

6. To express *from* or *of* before the names of feminine countries, continents or feminine states or provinces, **de** is used:

   d'Asie   d'Angleterre
   de Bretagne   de Floride
   de France   de Californie

7. To express *to* or *in* before modified countries or continents, **dans** plus the article is used:

   dans l'Amérique Centrale   dans l'Italie septentrionale
   dans l'Afrique du Nord   dans l'Amérique du Sud

EXERCISES ON LESSON III

I. Write the following countries, provinces, continents and cities with the preposition *in*:

 1. la France

 2. la Grande-Bretagne

 3. le Mexique

 4. Chicago

 5. l'Amérique du Nord

 6. la Provence

 7. la Nouvelle-Orléans

 8. la Pologne

 9. l'Asie

10. Paris

14. le Pérou

15. la Russie

16. San Francisco

17. l'Ecosse

18. la Bretagne

19. l'Afrique du Nord

20. Athènes

21. Londres

22. la Belgique

23. les Etats-Unis

11. le Canada _____

12. la Californie _____

13. le Danemark _____

24. l'Italie _____

25. le Maroc _____

II. Write the preposition **from** with the geographical units in Exercise I.

1. _____
2. _____
3. _____
4. _____
5. _____
6. _____
7. _____
8. _____
9. _____
10. _____
11. _____
12. _____
13. _____
14. _____
15. _____
16. _____
17. _____
18. _____
19. _____
20. _____
21. _____
22. _____
23. _____
24. _____
25. _____

LESSON IV

THE NUMBERS (les nombres)

1. The cardinal numbers in French are:

1. un	21. vingt et un	69. soixante-neuf
2. deux	22. vingt-deux	70. soixante-dix
3. trois	23. vingt-trois	71. soixante et onze
4. quatre	24. vingt-quatre	72. soixante-douze
5. cinq	30. trente	73. soixante-treize
6. six	31. trente et un	74. soixante-quatorze
7. sept	32. trente-deux	79. soixante-dix-neuf
8. huit	33. trente-trois	80. quatre-vingts
9. neuf	40. quarante	81. quatre-vingt-un
10. dix	41. quarante et un	82. quatre-vingt-deux
11. onze	42. quarante-deux	90. quatre-vingt-dix
12. douze	43. quarante-trois	91. quatre-vingt-onze
13. treize	50. cinquante	92. quatre-vingt-douze
14. quatorze	51. cinquante et un	99. quatre-vingt-dix-neuf
15. quinze	52. cinquante-deux	100. cent
16. seize	53. cinquante-trois	101. cent un
17. dix-sept	60. soixante	200. deux cents
18. dix-huit	61. soixante et un	205. deux cent cinq
19. dix-neuf	62. soixante-deux	506. cinq cent six
20. vingt	63. soixante-trois	1,000. mille

Note that in the numbers 21, 31, 41, 51, 61, 71, the conjunction **et** *is used, and that there are no hyphens.*

Quatre-vingts and the multiples of **cent** drop **s** if another number follows:

280. deux cent quatre-vingts	700. sept cents
88. quatre-vingt-huit	990. neuf cent quatre-vingt-dix

Million is preceded by the indefinite article, but **cent** and **mille** are never preceded by the indefinite article:

un million de soldats   cent occasions
mille garçons   **un** million d'hommes

It is noted that **un million, deux millions** *act like the other nouns of quantity, taking* **de** *before the following noun. This is not true of* **mille** *and* **cent,** *which are adjectives.*

Mille never adds an **s: mille, deux mille, trois mille**

A number of nouns in French indicate an approximate number. They all end in **aine** and they are feminine:

  une dizaine (about 10) une quarantaine (about 40)
  une douzaine (about 12, a dozen) une cinquantaine (about 50)
  une quinzaine (about 15) une soixantaine (about 60)
  une vingtaine (about 20) une centaine (about 100)
  une trentaine (about 30)

These nouns are used like other nouns of quantity:

  une douzaine d'oeufs une trentaine de scouts

Simple arithmetical operations are done as follows:

  8 plus 7 = 15 huit et sept font quinze
  30 minus 12 = 18 trente moins douze reste dix-huit
  9 times 3 = 27 neuf fois trois font vingt-sept
  12 divided by 4 = 3 douze divisé par quatre fait trois

2. The ordinal numbers are generally formed by adding **ième** to the cardinal number:

  33rd (trente-troisième) 91st (quatre-vingt-onzième)
  102nd (cent deuxième) 85th (quatre-vingt-cinquième)
  101st (cent unième) 49th (quarante-neuvième)

Note the following ordinal numbers:

  1st premier, première 5th cinquième
  2nd deuxième, second, seconde 9th neuvième
  4th quatrième 80th quatre-vingtième

In the above ordinal numbers it is to be remembered that:

a. **première** and **seconde,** the feminine forms of **premier** and **second,** are the only ordinal numbers that have different spellings for the feminine. Other ordinal numbers retain the same spelling for the masculine and feminine.

  le **troisième** garçon la **troisième** fille

b. If the cardinal number ends in **e**, the **e** drops before **ième** is added:

  quatre (quatrième) trente (trentième)

c. There are two forms for the English ordinal second: **second** (seconde) and **deuxième**. In compound numbers only **deuxième** is used:

  vingt-deuxième cinquante-deuxième

d. The **f** of **neuf** to **v** in the ordinal number:

  neuf (neuvième) quarante-neuf (quarante-neuvième)

e. A **u** is added to **cinq** to form the ordinal:

  cinquième

f. **Huitième** and **onzième** do not allow any elision (dropping of the preceding vowel):

la huitième fois la onzième année
le huitième anniversaire le onzième enfant

When the cardinal and ordinal numbers are used together, the cardinal number precedes:

les deux premières années les trois premières saisons

The fractions are as follows:

1/2 la moitié, un demi 1/8 un huitième
1/3 le tiers, un tiers 2/5 les deux cinquièmes
1/4 le quart, un quart 3/100 les trois centièmes
3/4 les trois quarts 9/17 les neuf dix-septièmes

Note that there are two forms for 1/2. **Un demi** *is usually used in arithmetical equations, while* **la moitié** *is used in all other situations:*

neuf plus un demi la moitié de la classe

In the days of the month, and in titles of rulers, the **cardinal** numbers are used, except for premier (**première**):

Louis Premier; Louis Deux Marie Première; Marie Deux
le premier janvier; le deux mai le premier mars; le trois juin

Dates are written as follows, in answer to the question: **Quel jour sommes-nous aujourd'hui?**

Today is Saturday, June 9, 1979 C'est aujourd'hui samedi, le neuf juin, dix-neuf cent soixante-dix-neuf.

Mil neuf cent may be used instead of **dix-neuf cent:**

C'est aujourd'hui samedi, le neuf juin, mil neuf cent soixante-dix-neuf.

EXERCISES ON LESSON IV

I. Write the following numbers in French:

1. 5; 15; 50; 4; 14; 40; 3; 13; 30; 2; 12; 20 _____

2. 21; 31; 41; 51; 61; 71; 81; 91; 101; 201 _____

3. 65; 75; 85; 95; 105; 200; 251; 800 _____

4. 1,000; 2,000; 2,666; 1,000,000; 2,000,000 _____

5. 1st; 2nd; 4th; 5th; 8th; 9th; 16th; 21st _____

6. 101st; 300th; Napoléon I; Napoléon III _____

7. Today is Sunday, June 24th, 1979. _____

8. March 1st; April 22nd; December 25th _____

9. the 11th day; the 8th boy; the first two weeks _____

10. 1,000,000 men; two dozen apples _____

II. Write the following arithmetical equations in French:

1. 30 times 3 = 90; 22 times 4 = 88 _____

2. 71 minus 11 = 60; 80 minus 10 = 70 _____

3. 51 plus 149 = 200; 100 plus 71 = 171 _____

4. 30 divided by 6 = 5; 77 divided by 11 = 7 _____

LESSON V

TELLING TIME (L'heure)

In answer to the question **Quelle heure est-il?** the following forms are used:

It is 1:00.	Il est une heure.
It is 2:00.	Il est deux heures.
It is 3:15.	Il est trois heures quinze.
	(Il est trois heures et quart.)
It is 4:20.	Il est quatre heures vingt.
It is 5:30.	Il est cinq heures et demie.
	(Il est cinq heures trente.)
It is 6:45.	Il est sept heures moins quinze.
	(Il est sept heures moins le quart.)
It is 8:50.	Il est neuf heures moins dix.
It is exactly 11:00.	Il est onze heures précises.
It is 11:30.	Il est onze heures et demie.
	(Il est onze heures trente.)
It is 11:45 a.m.	Il est midi moins le quart.
	(Il est midi moins quinze.)
It is noon.	Il est midi.
It is 12:17 p.m.	Il est midi dix-sept.
It is midnight.	Il est minuit.
It is 12:30 a.m.	Il est minuit et demi.
	(Il est minuit trente.)

Note the following about telling time:

a. For 12 o'clock, **midi** and **minuit** are used. **Douze heures** is used only in the official schedule of timetables, as is noted below in paragraph g.

b. When the minutes are added to the hour, the conjunction **et** is not used: **Il est deux heures dix.**

c. There are two ways of expressing the half-hour, or 15 minutes before or after the hour:

Il est trois heures et quart.	(Il est trois heures quinze.)
Il est sept heures et demie.	(Il est sept heures trente.)
Il est dix heures moins le quart.	(Il est dix heures mons quinze.)

d. When it is more than 30 minutes past the hour, the number of minutes is subtracted from the next hour:

Il est midi moins vingt-cinq.	(It is 11:35 a.m.)
Il est onze heures moins vingt-neuf.	(It is 10:31.)

27

e. **Heures** is plural except for one o'clock.

| Il est **une heure** vingt-deux. | (It is 1:22.) |
| Il est **trois heures** et quart. | (It is 3:15.) |

f. The word demi (**demie**) agrees with its noun when it follows the noun, attached by **et**. When **demi** precedes the noun, it is hyphenated and does not agree.

| Une **demi**-heure. | Une heure et **demie**. |
| Midi et **demi**. (Minuit et **demi**.) | Both **midi** and **minuit** are masculine. |

g. Official time in France (timetables, schedules, etc.) is based on a 24-hour system which does not use **midi, minuit, demi,** or **quart**. The minutes are always added to the hour.

At 3:30 p.m.	À quinze heures trente.
At 11:55 a.m.	À onze heures cinquante-cinq.
At midnight	À vingt-quatre heures.

The days of the week and the months of the year are written with a small letter:

lundi	janvier	juillet
mardi	février	août
mercredi	mars	septembre
jeudi	avril	octobre
vendredi	mai	novembre
samedi	juin	décembre
dimanche		

Note the following idiomatic uses:

| In the month of May   (In May) | Au mois de mai   (En mai) |
| In the 17th century | Au dix-septième siècle |

The seasons are all masculine:

| Le printemps | L'automne |
| L'été | L'hiver |

The word *in* before the season is as follows:

| **au printemps** | **en automne** |
| **en été** | **en hiver** |

EXERCISES ON LESSON V

I. Write the following times of day in French:

1. It is 3:30; 6:35; 1:00; 12:01 p.m.; 2:15; 11:45 p.m.

2. It is 8:57; 9:25; 2:00; midnight; noon.

3. It is 12:30 p.m.; 12:30 a.m.; an hour and a half; a half-hour

II. Write Exercise I using the 24-hour official system.

III. Write the days of the week, the months of the year, and the seasons preceded by *in*.

LESSON VI

THE POSSESSIVES

1. The Possessive Adjectives

	Masc. Sing.	Fem. Sing.	All Plural
my	mon	ma	mes
your	ton	ta	tes
his, her, its	son	sa	ses
our	notre	notre	nos
your	votre	votre	vos
their	leur	leur	leurs

Possessive adjectives, like other adjectives, must agree with the noun. They agree, not with the possessor, but with what is possessed:

Mary has her book.   Marie a **son** livre.
John goes to his house.   Jean va à **sa** maison.

Possessive adjectives must be repeated before each noun:

His father and mother are here.   **Son** père et **sa** mère sont ici.
He sold his carrots and cabbages.   Il a vendu **ses** carottes et **ses** choux.

Before feminine singular nouns beginning with mute h or a vowel, use **mon, ton, son** instead of **ma, ta, sa**:

mon amie   ton histoire
son attitude   mon hésitation

To avoid ambiguity in translating his or her, the prepositional phrase **à lui** or **à elle** may be used:

J'ai parlé à sa mère **à lui**.   I spoke to his mother. (not hers)
Elle a regardé ses photos **à elle**.   She looked at **her** photos. (not his)

Note, as on page 6, rule e, that the definite article is used before parts of the body, not the possessive adjective:

Il a mal à **la** gorge.   Elle a levé **le** doigt.

2. The Possessive Pronouns (Les pronoms possessifs)

	Masc. Sing.	Fem. Sing.	Masc. Pl.	Fem. Pl.
mine	le mien	la mienne	les miens	les miennes
yours	le tien	la tienne	les tiens	les tiennes
his, her, its	le sien	la sienne	les siens	les siennes
ours	le nôtre	la nôtre	les nôtres	les nôtres
yours	le vôtre	la vôtre	les vôtres	les vôtres
theirs	le leur	la leur	les leurs	les leurs

Like the possessive adjective, the possessive pronoun agrees in number and gender with the thing possessed. It takes the place of a possessive adjective and noun, and is always preceded by the definite article:

mon anniversaire et **le sien**	my birthday and his
leurs cours et **les nôtres**	their courses and ours
son cahier et **le mien**	his notebook and mine

The possessive pronouns must make the contraction with the preposition **à** and **de:**

Il pense à ses parents et vous pensez **aux** vôtres.
Nous parlons de nos professeurs et ils parlent **des** leurs.
Il va à son appartement et je vais **au** mien.
Elle vient de son jardin et vous venez **du** vôtre.

The expression a friend of mine, a relative of his, etc., are translated with the possessive adjective:

un de ses amis	a friend of his
un de mes oncles	an uncle of mine

The possessive pronoun is sometimes replaced by **être à,** an idiomatic expression:

Cette machine est la mienne.	Cette machine **est à moi.**
C'est le vôtre.	Il **est à vous.**
Ce sont les leurs.	Ils **sont à eux.**

Note that in the last two examples c'est and ce sont are used before the possessive pronoun, while il est and ils sont are used before the prepositional phrase denoting possession.

The English possessive noun (Mary's, teacher's, mother's) does not exist in French, since the apostrophe is never used to show possession. Instead, a prepositional phrase is used:

Mary's friend	l'ami **de Marie**
the children's toys	les jouets **des enfants**

The following English possessive nouns are translated in French with the demonstrative pronoun. Other examples are given in the lesson on the demonstratives:

mine and John's	le mien et **celui de Jean**
their watches and Mary's	leurs montres et **celle de Marie**

EXERCISES ON LESSON VI

I. Fill in the blanks with the possessive adjectives and pronouns that fit the subject, making any contractions that are necessary:

example: Il regarde **ses** cahiers; nous regardons **les nôtres.**

1. J'ai écrit à _____ mère; il a écrit à _____ .
2. Nous avons fini _____ travail; elle a fini _____ .
3. Vous mettez _____ chapeau; je mets _____ .
4. Elles consultent _____ montres; nous consultons _____ .
5. Tu vas à _____ église; ils vont à _____ .
6. Ils parlent de _____ professeurs; nous parlons de _____ .
7. Je n'aime pas _____ soeur; aimez-vous _____ .
8. Je viens de _____ chambre; elle vient de _____ .

II. Rewrite the following sentences, using possessive pronouns:

1. Cette maison est à moi; elle est à moi. _____
2. Ces lampes sont à elle; elles sont à elle. _____
3. Ce bifteck est à lui; il est à lui. _____
4. Cet argent est à vous; il est à vous. _____
5. Ces jardins sont à eux; ils sont à eux. _____
6. Cette propriété est à nous; elle est à nous. _____
7. Cette poupée est à toi; elle est à toi. _____

III. Change the following possessive adjectives to possessive pronouns:

1. **Leurs plumes** et **mes plumes** sont chez moi. _____
2. **Votre père** et **son père** sont présents. _____
3. J'ai compris **ma leçon** et **sa leçon.** _____

4. Il téléphone à **mon cousin** et à **votre cousin**. _____

5. Elle a besoin de **notre voiture** et de **leur voiture**. _____

6. Nous avons parlé de **son pays** et de **votre pays**. _____

IV. Translate the English words into French:

1. *Her brother and sister* sont arrivés. _____

2. Est-ce que Marie est *a friend of yours*? _____

3. J'ai mis mon chapeau *on my head*. _____

4. Il a fait la connaissance de *my father and mother*. _____

5. Hier j'ai parlé à *a cousin of yours*. _____

V. Answer the following questions in French, using possessive pronouns:

1. Où a-t-il mis vos chaussettes? _____

2. Avez-vous commencé vos exercices? _____

3. Connaît-il leur village? _____

4. Ont-elles répondu à nos lettres? _____

5. A-t-il besoin de mes notes? _____

LESSON VII

THE DEMONSTRATIVES

1. **The Demonstrative Adjectives** (Les adjectifs démonstratifs)
The demonstrative adjective has four forms:

      ce, cet cette (this, that)   **ces** (these, those)

  a. **ce** is used before a masculine singular noun beginning with a consonant or aspirate **h**:

      ce médecin (this doctor)   **ce** homard (this lobster)
      ce garçon (this boy)   **ce** héros (this hero)

  b. **cet** is used before a masculine singular noun beginning with a vowel or mute **h**:

      cet homme (this man)   **cet** arbre (this tree)
      cet ami (this friend)   **cet** hôpital (this hospital)

  c. **cette** is used before all feminine singular nouns:

      cette maison (this house)   **cette** amie (this friend)

  d. **ces** is used before all plural nouns, feminine or masculine:

      ces hommes (these men)   **ces** héros (these heroes)
      ces amis (these friends)   **ces** femmes (these women)

As with the possessive adjectives, the demonstrative adjective must be repeated before each noun:

      cette femme et **cet** homme   (this woman and this man)
      ce frère et **cette** soeur   (this brother and sister)

When two contrasting nouns are used, **-ci** or **-là** is added to mean this or that, or, for the plurals, these and those:

      Ces machines-ci sont plus délicates que **ces machines-là.**
        (These machines are more delicate than those machines.)

      Ce livre-ci est plus intéressant que **ce livre-là.**
        (This book is more interesting than that book.)

Sometimes **-ci** or **-là** is added to an individual noun:

  a. for emphasis:

      Cette fois-**ci** je vais gagner.   (*This* time I'm going to win)

  b. to distinguish it in time:

      Ce jour-**là** il a perdu.   (*That* day he lost.)

*Note that the suffixes **-ci** and **-là** are attached to the noun by a hyphen.*

2. **The Demonstrative Pronouns** (Les pronoms démonstratifs)
The demonstrative pronoun has four forms:

    celui, celle, ceux, celles

a. **celui** takes the plae of a masculine singular noun:

| Ce garçon-ci et **celui-là.** | (this boy and that one) |
| Ce professeur-ci et **celui** de Marie. | (this teacher and Mary's) |

b. **celle** takes the place of a feminine singular noun:

| cette orange-ci et **celle** de Jean | (this orange and John's) |
| cette leçon-ci et **celle** qui précède | (this lesson and the one which precedes) |

c. **ceux** takes the place of a masculine plural noun:

| mes cousins et **ceux** de Robert | (my cousins and Robert's) |
| ces hommes-là et **ceux** que vous connaissez | (these men and the ones that you know) |

d. **celles** takes the place of a feminine plural noun:

| Vos villes et **celles** de mon pays | (your cities and those of my country) |
| Ses amies et **celles** de Jeanne | (her friends and Joan's) |

In all of the preceding examples, you will note that one of the following comes directly after the demonstrative pronoun:

1. **-ci** or **-là**
2. a relative clause
3. a prepositional phrase

To distinguish between *this one* and *that one,* and between *these* and *those* **-ci** or **-là** are added to the pronoun:

Voilà des fleurs; **celles-ci** sont rouges et **celles-là** sont jaunes.
   (There are some flowers; these are red and those are yellow.)

Voici mes deux frères; **celui-ci** est grand, **celui-là** est petit.
   (Here are my two brothers; this one is tall, that one is short.)

To translate *the former* and *the latter,* **-ci** is suffixed to the pronoun to mean *the latter,* and **-là** to mean *the former:*

Jean et Robert sont arrivés; **celui-ci** est triste, **celui-là** est heureux.
   (John and Robert have arrived; the latter is sad, the former is happy.)

De ces deux maisons, **celle-là** est plus jolie que **celle-ci.**
   (Of these two houses, the former is prettier than the latter.)

As noted in the section on possessive pronouns, the possessive noun in English is translated by the French demonstrative pronoun:

| La mére de Catherine et **celle de Jean.** | (Catherine's mother and John's) |
| Mes livres et **ceux** du professeur. | (my books and the teacher's) |

Ceci and **cela** are indefinite demonstrative pronouns. They can be used as subjects or objects, and they refer to things which are not previously named:

| J'aime **cela,** mais je n'aime pas **ceci.** | (I like that, but I don't like this.) |
| **Ceci** est plus important que **cela.** | (This is more important than that.) |

The demonstrative pronoun **ce** is used as the subject of **être**. **C'est** and **ce sont** are used instead of **il est (elle est)** or **ils sont (elles sont)** in the following cases:

1.	a proper noun	**C'est** Jacques.
2.	a possessive pronoun	**Ce sont** les miens.
3.	a modified noun	**C'est** un grand explorateur.
4.	a demonstrative pronoun	**C'est** celui que vous aimez.
5.	a stressed (disjunctive) pronoun	**C'est** lui; **ce sont** eux.
6.	a superlative	**C'est** la plus belle cathédrale.
7.	a date	**C'est** aujourd'hui le 25 mai.
8.	an adjective that does not refer to a specific noun	Tout cela, **c'est** admirable.

*If the adjective refers to a specific noun, **il est (elle est)** or **ils sont (elles sont)** are used:*

    Regardez ces arbres-là; **ils sont** beaux.

    9. an adjective followed by **à** + the infinitive

    C'est facile à changer.   **C'est** difficile à corriger.

Before an adjective followed by **de** + the infinitive, use **il est:**

    Il est intéressant de contempler cela.

Note that in the last case, the infinitive has an object, whereas the preceding examples have no object. In general, the combinations are as follows:

    a. **C'est** + adjective + **à** + infinitive
    b. **Il est** + adjective + **de** + infinitive + object
    C'est facile à faire; **il est** facile de faire cela.

EXERCISES ON LESSON VII

I.   Fill in the blanks with the proper demonstrative adjectives or pronouns:

    Example: **Ces** costumes-ci sont plus pittoresques que **ceux-là**.

1. _____ jeunes filles-ci sont plus studieuses que _____ .
2. _____ cahier-là est plus difficile à lire que _____ .
3. _____ homme-ci est plus amusant que _____ .
4. _____ fleur-ci est la mienne; _____ est la tienne.
5. _____ rue-là est plus étroite que _____ .

II. In the following exercise, fill in the blanks with **c'est, ce sont, il est, elle est, ils sont,** or **elles sont**:

1. _____ facile de promettre cela, mais _____ difficile à faire.
2. _____ les meilleurs élèves de la classe.
3. _____ aujourd'hui le 3 mars.
4. _____ quatre heures.
5. Avez-vous vu ces peintures? _____ merveilleuses!
6. Voyez-vous ces livres? _____ à moi; il dit que _____ les siens.
7. Qu'est-ce que vous pensez de tout cela? _____ magnifique!
8. Voici mes notes; _____ assez bonnes.
9. _____ lui qui veut y aller.
10. Que fait ce monsieur-là? _____ docteur; on me dit que _____ un grand docteur.
11. Qui est à la porte? _____ Hélène.
12. A qui est cette bicyclette? _____ celle de mon cousin.
13. _____ important de considérer tous les aspects du problème; _____ gentil de discuter ces choses maintenant?
14. _____ plus grande que vous; _____ la plus grande de toutes les jeunes filles.
15. Regardez cette maison-là; _____ celle qui me plaît.

III. In the following exercise, fill in the blanks with the proper demonstrative pronoun:

1. Il préfère _____ (this) à _____ (that), mais _____ (that) est plus important que _____ (this).
2. Je comprends votre leçon, mais je ne comprends pas _____ de Marie.
3. Voilà mon train et _____ de votre camarade.
4. J'ai apporté mon travail et _____ que vous avez voulu examiner.
5. J'ai oublié ma clef et _____ de mon voisin.
6. Voici mon essai; _____ que vous avez écrit est plus long; c'est mon professeur qui a dit _____ (that).
7. Jean et Robert sont chez vous; _____ (the former) est plus grand que _____ (the latter).
8. Qui sont ces dames-là? _____ sont les directrices de notre programme.
9. Qu'est-ce que vous en pensez? _____ est très intéressant!
10. J'ai des cours le lundi et le jeudi; _____ (the latter) sont plus intéressants que _____ (the former).

LESSON VIII

PERSONAL PRONOUNS

Under the personal pronouns are included:

1. The subject pronouns
2. The direct object pronouns
3. The indirect object pronouns
4. The reflexive pronouns
5. The disjunctive pronouns (also called stressed, accented, or tonic).

1. The subject pronouns are:

je	nous
tu	vous
il, elle, on	ils, elles

2. The direct object pronouns are:

me (moi)	nous
te (toi)	vous
le, la, l', se	les

The direct object usually answers the question What? or Whom?

Qui regardez-vous?   Je **le** regarde; je **les** regarde.
Que voyez-vous?   Je **la** vois; je **les** vois.

Of course, the e of **me, te, le,** and **se** drops, and an apostrophe is used before words be- with a vowel or mute **h**:

il **m'**abandonne   (he abandons me)
nous **l'**honorons   (we honor him)
il **s'**habille   (he dresses himself)

3. The indirect object pronouns are:

me (moi)	nous
te (toi)	vous
lui, se	leur

The indirect object usually answers the question *To Whom* or *For Whom*:

A qui parlez-vous?   Je **lui** parle; je **leur** parle.
A qui répond-il?   Il **me** répond; il **vous** répond.
Pour qui prépare-t-elle le repas?   Elle **lui** prépare le repas.

The pronouns **y** and **en** are generally included with the direct and indirect object pronouns, and therefore will be studied here.

Y replaces a noun which is preceded by **à, dans, sur, sous** or the preposition **en**:

Nous allons **à l'école**.   Nous **y** allons.
Le crayon est **dans le tiroir**.   Le crayon **y** est.
Elle marche **sur le trottoir**.   Elle **y** marche.
Vous avez le livre **sous le bras**. Vous **y** avez le livre.
Ils sont **en France**.   Ils **y** sont.

Y is never used to refer to people:

    Nous parlons **à Georges.**   Nous **lui** parlons.

En replaces a noun which is preceded by **de,** or by **de** plus an article:

    Nous étudions **des notes.**   Nous **en** étudions.
    Il a beaucoup **de tabac.**   Il **en** a beaucoup.

En is not usually used for persons:

    Elle parle **de Jean.**   Elle parle **de lui.**

*For extra notes on the partitive pronoun **en** see page 7, paragraph 4.*

4. The reflexive pronouns are:

    me   nous
    te   vous
    se   se

The reflexive pronouns are either direct or indirect objects of a reflexive verb, and must be the same person as the subject:

    Elles se regardent.   (They look at each other.)
    Nous nous habillons.   (We dress ourselves.)
    Jean se lave.   (John washes himself.)
    Ils se parlent.   (They speak to each other.)

For complete discussion of reflexive verbs, see Lesson VIII of the verb section, page 106.

The direct and indirect object pronouns immediately precede the verb of which they are the objects. (The only exception to this rule will be seen in the affirmative imperative.)

    Nous **lui** répondons.   (We answer him.)
    Elle **en** voit.   (She sees some.)
    Je **les** écoute.   (I listen to them.)
    Nous **y** allons.   (We go there.)

In the affirmative imperative, all object pronouns follow the verb, attached by a hyphen:

    Allez-**y.** (Go there.)   Parlez-**lui.** (Speak to him.)
    Prenez-**en.** (Take some.)   Ecoutez-**la.** (Listen to her.)
    Appelez-**les.** (Call them.)   Téléphonez-**leur.** (Telephone them.)
    Répondez-**moi.** (Answer me.)   Lève-**toi.** (Get up.)

*Note that when **me** and **te** come after the verb, they change to **moi** and **toi** as in the last examples in each list above.*

Double Object Pronouns — Frequently in French a verb has two object pronouns. Except for the affirmative imperative, both object pronouns must come directly before the verb of which they are the objects, in the following order:

me		le (l')		lui		y		en
te		la (l')		leur				
se	before	les	before		before		before	
nous								
vous								

Elle **vous en** parle.	(She speaks to you about it.)
Il **nous les** vend.	(He sells them to us.)
Nous **le lui** expliquons.	(We explain it to him.)
Je **t'y** vois.	(I see you there.)
Vous **m'en** parlez.	(You speak to me of it.)
Il **y en** a sept.	(There are seven of them.)

In a sentence that is affirmative imperative, the order of the two object pronouns is as follows after the verb:

le		moi		y		en
la	before	toi	before		before	
les		lui				
		nous				
		vous				
		leur				

Parlez-**m'en**.	(Speak to me about it.)
Donnez-**le-leur**.	(Give it to them.)
Expliquez-**les-lui**.	(Explain them to him.)
Cherchez-**m'y**.	(Look for me there.)

It is helpful to remember that, in the affirmative imperative, the direct object precedes the indirect. **Y** and **en** are always the last object pronouns in all cases, before or after the verb.

Moi + **en** and **toi** + **en** become **m'en** and **t'en**
Moi + **y** and **toi** + **y** become **m'y** and **t'y**

Please note that the idiomatic words **voici** *(here is, here are) and* **voilà** *(there is, there are) always take a direct object that precedes:*

Les voici. (Here they are.)   **La voilà.** (There she is.)

In compound tenses, both of the object pronouns must precede the auxiliary verb:

Il **les y** avait vus.	(He had seen them there.)
Elle **leur en** aura parlé.	(She will have spoken to them about it.)
Ils **me l'**auraient donné.	(They would have given it to me.)
Ils **nous les** ont vendus.	(They sold them to us.)

In negative sentences, as well as in the interrogative, the object pronouns still precede the verb of which they are the objects:

Me l'a-t-il envoyé?	(Did he send it to me?)
Ils ne **nous en** ont pas parlé.	(They didn't speak to us about it.)
Leur répondez-vous?	(Do you answer them?)

In a sentence that has two or more verbs, be sure to put the object pronouns before the verb of which they are the objects:

Il ne va pas **me les** expliquer.	(He isn't going to explain them to me.)
Je ne veux pas **lui en** donner.	(I don't want to give him any.)
Je compte **leur en** envoyer.	(I plan to send them some.)

As will be explained more fully in the lesson on past participles, there must be an agreement between the past participle of a verb conjugated with **avoir** and the preceding direct object. An **e** is added for the feminine and an **s** for the plural:

Je **les** y ai vu**s**.	(I saw them there.)
Je **la** lui ai donné**e**.	(I gave it to her.)

5. The disjunctive pronouns (also called *stressed* or *accented*) are:

moi	nous
toi	vous
lui	eux
elle	elles

The uses of the disjunctive pronouns are as follows:

a. as object of a preposition:

chez **moi** (at my house)	d'**elles** (of them)
pour **vous** (for you)	vers **toi** (toward you)
sans **eux** (without them)	à cause d'**elle** (because of her)
après **lui** (after him)	au lieu de **nous** (instead of us)

b. in a compound subject or object:

Lui et moi nous y sommes allés.	(He and I went there.)
Je vois **lui et elle**.	(I see him and her.)
Ils ont choisi **vous et moi**.	(They chose you and me.)

c. When the verb is not expressed and they stand alone:

Qui est arrivé? **Lui.**
Qui a fini? **Moi.**

d. In place of the indirect object, when the direct object is in the first or second person:

Il me présentera à **eux**.	(He will introduce me to them.)
Je vous présenterai à **lui**.	(I will introduce you to him.)

e. To emphasize a subject or object:

Moi, j'ai déjà décidé.	(*I* have already decided.)
Je l'ai vu, **lui**.	(I saw *him*.)

f. When a possessive needs clarification:

| Elle a gardé son sac **à elle.** | (She kept her bag.) |
| J'ai vu son père **à lui.** | (I saw his father.) |

g. After **c'est** and **ce sont,** or other tenses of **être:**

C'est **lui.**	(It's he.)
Ce sont **eux.**	(It's they.)
C'était **moi.**	(It was I.)
Ce sera **toi.**	(It will be you.)

h. Followed by **même** or **mêmes** to mean self or selves:

Elle le fera **elle-même.**	(She'll do it herself.)
Ils iront **eux-mêmes.**	(They will go by themselves.)
Je l'ai fini **moi-même.**	(I finished it myself.)

i. In certain idiomatic expressions:

Elle pense à Jean.	Elle pense **à lui.**
Je fais attention aux professeurs.	Je fais attention **à eux.**
Le magasin est à M. Dupont.	Le magasin est **à lui.**

EXERCISES ON LESSON VIII

I. Change the boldface nouns to pronouns in the following sentences:

1. Vous avez laissé **vous gants sur le bureau.** _____

2. Expliques **la leçon aux élèves.** _____

3. Il a oublié de donner **les cadeaux à ses cousins.** _____

4. Ils ont raconté **des histoires aux garçons.** _____

5. J'ai envoyé **les colis à ma mère.** _____

6. Donnez **les feuilles au professeur.** _____

7. Nous avons mis **les chaises sur le tapis.** _____

8. Apportez **de l'eau au joueur.** _____

9. Ils ont arrangé **les fleurs dans le vase.** _____

II. Answer the following questions in the affirmative, changing all the nouns to pronouns:

Note to the teacher: When the students have mastered these exercises in the affirmative, the answers should then be given in the negative. Next, the question should be changed to the passé composé, with the affirmative first, then the negative form. Finally they should be changed to an exercise where some sentences are affirmative, some negative, with various tenses used. It is recommended that this begin as an oral exercise, with the teacher clearly establishing the answer pattern first.)

1. Donnez-vous la lettre à Jean? _____

2. Ecrivons-nous les billets aux élèves? _____

3. Montrez-vous la fleur aux femmes? _____

4. Envoyez-vous le billet à Hélène? _____

5. Est-ce que j'explique la leçon aux garçons? _____

6. Raconte-t-il l'histoire à son cousin? _____

7. Rendez-vous le crayon au professeur? _____

8. Mettez-vous les tasses sur la table? _____

9. Parlez-vous à Paul du film? _____

10. Promettons-nous les bonbons aux enfants? _____

11. Voyez-vous les feuilles sur l'arbre? _____

12. Laissez-vous de l'argent sur le bureau? _____

13. Vendent-ils des vêtements aux hommes? _____

14. Est-ce que je montre la fleur à la jeune fille? _____

15. Est-ce que j'écris la lettre aux élèves? _____

16. Faites-vous les devoirs dans la maison? _____

17. Achetez-vous des bonbons dans le magasin? _____

18. Donnent-elles le papier à Marie? _____

19. Rendez-vous les journaux aux enfants? _____

20. Voyez-vous le verre sur la table? _____

III. Change the following sentences to the affirmative imperative:

1. Ne les leur donnez pas. _____
2. Ne lui en parlez pas. _____
3. Ne me le dites pas. _____
4. Ne nous les envoyez pas. _____
5. Ne vous en allez pas. (Don't go away.) _____
6. Ne te lève pas. _____
7. Ne les lui donnez pas. _____
8. Ne m'y envoyez pas. _____
9. Ne le lui présentez pas. _____
10. Ne la leur vendez pas.

The preceding exercise should first be done orally.

IV. The following exercises should be done orally, first by the teacher, then by the students. It should be done as quickly as possible:

1. Say in French:

   a. He gives it to him.
   b. He gives them to him.
   c. He gives them to them.
   d. He gives it to them.
   e. He gives some to me.
   f. He gives it to you.
   g. He gives them to us.
   h. He gives them to you.
   i. He gives it to me.
   j. He gives some to them.

   Now say this exercise in the negative

2. Say in French:

    a. He's going to send him some.
    b. He's going to send them some.
    c. He's going to send you some.
    d. He's going to send me some.
    e. He's going to send us some.
    f. He's going to send them there.
    g. He's going to send him there.
    h. he's going to send you there.
    i. He's going to send us there.
    j. He's going to send me there.

Now say this exercise in the negative. When it has been learned, use <u>He has just</u> *instead of* <u>He's going</u>.

V. Fill in the blanks with the proper pronoun:

1. Ce n'est pas _____ (he); ce sont _____ (they).
2. J'ai reconnu _____ (him) et _____ (her).
3. _____ (She) et _____ (I) nous sommes venus.
4. Nous pensons à _____ (them) et à _____ (you).
5. Il fait attention à _____ (me) et à _____ (her).
6. Ils ont fini cela _____ (themselves).
7. _____ (I, emphatic) ai réussi, mais _____ (he, emphatic) n'a pas réussi.
8. Qui a-t-on choisi? _____ (Him), pas _____ (her).
9. Il va me présenter à _____ (you) et à _____ (them).
10. A cause d' _____ (her), il est allé chez _____ (them).
11. _____ (You) et _____ (I), nous l'avons décidé _____ (ourselves).
12. Habille- _____ (yourself); lavons- _____ (ourselves).

LESSON IX

RELATIVE PRONOUNS

A relative pronoun introduces a relative clause:

    Voilà le monsieur **dont j'ai fait la connaissance.**
      (There is the gentleman whose acquaintance I made.)

    Je crois les histoires **qu'il me raconte.**
      (I believe the stories which he tells me.)

    Regardez **ce qui est sur le menu.**
      (Look at what is on the menu.)

The relative pronoun must always be used in French, even though it may be left out in English:

    Où est la maison **que** vous aimez?   (Where is the house you like?)
    L'élève **que** j'ai vu est grand.   (The pupil I saw is tall.)

The relative pronouns are:

1. **qui** (who, which, that, whom)

    a. used as the subject of a relative clause:

        Voici l'enfant **qui a gagné.**   (Here is the child who won.)
        J'aime la maison **qui est blanche.**   (I like the house which is white.)

    b. used as the object of a preposition, referring only to persons (whom):

        Je connais la jeune fille **avec qui il est sorti.**
          (I know the young lady with whom he went out.)

2. **que** (that, which, whom)

    a. used as the object of a verb

        Il comprend le problème **que vous avez mentionné.**
          (He understands the problem which you mentioned.)
        J'ai vu la jeune fille **que vous avez choisie.**
          (I saw the young lady whom you chose.)

3. **ce qui** (what, that which)

    a. used as the subject of a relative clause when there is no antecedent:

        Comprenez-vous **ce qui est dans le chapitre?**
          (Do you understand what is in the chapter?)
        Ce qui est arrivé est rare.
          (What happened is rare.)

4. **ce que** (what, that which)

   a. used as the object of a verb in a relative clause when there is no antecedent:

   Ce qu'il écrit est difficile à lire.
     (What he writes is difficult to read.)
   Voici **ce que vous voulez.**
     (Here is what you want.)

5. **lequel, laquelle, lesquels, lesquelles** (which, whom)

   a. used as the object of a preposition:

   Voilà la plume **avec laquelle il a écrit la lettre.**
     (There is the pen with which he wrote the letter.)
   Je connais l'immeuble **dans lequel il travaille.**
     (I know the building in which he works.)
   Qui est le jeune homme **avec lequel vous avez fait une promenade?**
     (Who is the young man with whom you took a walk?)

   Although the four pronouns listed after 5. above are generally used for things, they may also be used for persons.

   The prepositions **à** and **de** contract with **lequel** and **lesquels** to form **auquel, auxquels, duquel,** and **desquels.**

   b. used instead of **qui** where it might avoid ambiguity:

   L'oncle de Marie, **lequel est riche,** va nous rendre visite.
     (Mary's uncle, who is rich, is going to visit us.)
   La mère de mon ami, **laquelle est malade,** ne viendra pas.
     (My friend's mother, who is ill, will not come.)

6. **quoi** (what, which)

   a. used as the object of a preposition when the antecedent is indefinite. (Never used for persons.)

   Il sait **de quoi il parle.** (He knows what he's talking about.)

7. **dont** (whose, of whom, of which)

   a. used in place of **de qui, duquel, de laquelle, desquels,** and **desquelles:**

   Voilà le théâtre dont je vous ai parlé.
     (There is the theater about which I spoke to you.)
   Voici le garçon **dont nous connaissons la mère.**
     (Here is the boy whose mother we know.)
   J'ai trouvé l'outil **dont vous avez besoin.**
     (I found the tool which you need.)

   As is seen, **dont** may replace **de qui, duquel, de laquelle, desquels,** or **desquelles.** However, when the relative pronoun is preceded by a noun which is the object of a preposition, **dont** may not be used:

   C'est le monsieur avec la soeur **duquel (de qui)** je suis sorti.
     (He's the gentleman with whose sister I went out.)
   Voilà la jeune fille au père **de laquelle (de qui)** vous avez téléphoné.
     (There's the girl to whose father you telephoned.)

8. **ce dont**   (what, that of which)

    a. used for things only, when *what* is the object of the preposition **de**:

    Il ne sait pas **ce dont** vous avez besoin.
      (He doesn't know what you need.)
    Vous ne comprenez pas **ce dont** je parle.
      (You don't understand what I'm speaking about.)

9. **où** (where, when, in which, on which)

    a. often replaces a preposition like **dans** or **pendant** plus **lequel, laquelle, lesquels,** or **lesquelles**:

    Il connaît le village où je suis né. (Replaces **dans lequel**.)
      (He knows the village where I was born.)
    C'était l'époque **où** les paysans avaient faim. (Replaces **pendant laquelle**.)
      (It was the time when peasants were hungry.)

10. **ce à quoi**   (what)   infrequently used

    a. used when *what* is the object of the preposition **à**:

    Vous ne savez pas **ce à quoi** nous pensons.
      (You don't know what we're thinking about.)

Some helpful notes in general on the relative pronouns:

1. **Que** is a preceding direct object so the past participle of the verb must agree with it and its antecedent in number and gender:

    Voilà les **jeunes filles** que vous avez chois**ies**.
      (There are the girls you picked.)

2. **dont** is never used unless it replaces **de** plus a pronoun:

    J'ai trouvé les livres **dont** vous avez besoin.   (avoir besoin **de**)
      (I found the books you need.)

3. **Tout** is not considered an antecedent, and must be followed by **ce qui, ce que,** or **ce dont**:

    tout ce que vous voulez   (all that you want)
    tout ce qui est arrivé   (all that happened)
    tout ce dont il parle   (everything he is speaking about)

EXERCISES ON LESSON IX

I. For each pair of sentences, write one sentence using the proper relative pronoun. Study the example:

Voici le garçon. Il vient d'arriver.
Voici le garçon **qui** vient d'arriver.

1. Voilà le livre. Vous l'avez demandé.

2. Voici la gravure. Je l'ai achetée à Paris.

3. Voici la maison. Je l'adore.

4. Voilà un ami. Il aime le cinéma.

5. Voici une plume. Elle écrit bien.

6. Voilà le portefeuille. Je l'ai trouvé.

7. Voilà le professeur. Il est occupé.

II. Rephrase the following sentences, beginning with the words in parentheses. Study the example:

Elle a acheté une maison qui est belle. (La maison)
La maison **qu'elle** a achetée est belle.

1. J'accompagne des camarades qui vont en France. (Les camarades)

2. Il achète des légumes qui sont frais. (Les légumes)

3. Il m'a donné des notes qui sont bonnes. (Les notes)

4. Elle porte des souliers qui sont trop petits. (les souliers)

5. Nous allons voir des amis qui demeurent à Boston. (Les amis)

6. Elle a choisi une robe qui est courte. (La robe)

7. Vous aimez la chambre qui est grande. (La chambre)

Be careful about the agreement of past participles in this exercise!

III. Make a single sentence from each of the following pairs, beginning with the words in parentheses. Study the example:

Il écrit avec un crayon. Il est rouge. (Le crayon)
Le crayon **avec lequel** il écrit est rouge.

1. Il marche dans la rue. Elle est large. (La rue)

2. Elle a parlé aux directeurs. Ils sont contents. (Les directeurs)

3. Il est entré dans l'église. Elle est belle. (L'église)

4. Je fais cela pour mes amis. Ils sont gentils. (Les amis)

5. Elle est assise devant le musée. Il est énorme. (Le musée)

IV. Fill in the blanks with the proper relative pronoun:

1. Voilà un livre _____ est intéressant.
2. Je ne comprends pas _____ il parle.
3. Le cahier _____ vous voulez est là-bas.
4. C'est le chapitre _____ elle doit étudier.
5. Comprend-il _____ il s'agit?
6. Voilà la maison _____ nous demeurons.
7. Tout _____ il va faire est dangereux.
8. Il faut me dire _____ vous désirez.
9. Montrez-moi _____ vous avez besoin.
10. Les élèves _____ nous parlons sont toujours à l'heure.
11. _____ vous pensez est impossible.
12. Où est la salle _____ j'ai laissé mes affaires?
13. C'est le scout au père _____ je parlais hier.
14. Je connais les dames avec _____ il est sorti.
15. Savez-vous _____ est dans cette boîte?
16. La mère de Georges, _____ est arrivée, m'a déjà parlé.
17. Voyez-vous le monsieur _____ va jouer du piano?

18. Un boulanger est une homme _____ vend du pain.
19. Les romans _____ nous avons lus sont excellents.
20. J'attends le professeur pour _____ il travaille.

V. Translate the following phrases to French:

1. what he wants
2. what we're thinking of
3. in which he lives
4. whom you see
5. what I need
6. whose father I know
7. who came
8. what you ask
9. that they need
10. who is rich
11. with which he writes
12. what has changed
13. with whom he left
14. whom we met
15. that he tells me
16. what is new
17. whose city I know
18. what they're talking about
19. where he works
20. that he finds

*In these phrases, use only relative pronouns. Whenever the word **what** appears, it is to be taken for granted that there is no antecedent, since **what** cannot be used with an antecedent in English.*

LESSON X

THE INTERROGATIVES

1. **The Interrogative Adjectives** (Les adjectifs interrogatifs)

    The interrogative adjective **quel** has four forms:

    a. **Quel** is used before a masculine singular noun:

    Quel chapitre est intéressant?
    (Which chapter is interesting?)

    b. **Quelle** is used before a feminine singular noun:

    Quelle heure est-il?
    (What time is it?)

    c. **Quels** is used before a masculine plural noun:

    Quels cahiers demandez-vous?
    (Which notebooks are you asking for?)

    d. **Quelles** is used before a feminine plural noun:

    Quelles fenêtres a-t-il ouvertes?
    (Which windows did he open?)

    While the interrogative adjective always modifies a noun, the interrogative pronoun takes the place of a noun.

2. **The Interrogative Pronouns** (Les pronoms interrogatifs)

    The interrogative pronouns are:

    a. **qui?**
    qui est-ce qui?

    Used as the subject of a verb, for persons. meaning *who*?

    Qui a entendu la réponse?
    (Who heard the answer?)
    Qui est-ce qui est arrivé?
    (Who arrived?)

    b. **qui?**
    qui est-ce que?

    Used as the object of a verb or a preposition, for persons, meaning *whom*?

    Qui avez-vous vu?
    (Whom did you see?)
    Qui est-ce que vous voyez?
    (Whom do you see?)
    Pour **qui** travaillez-vous?
    (For whom do you work?)
    Avec **qui est-ce qu'**il est allé?
    (With whom did he go?)

    c. **qu'est-ce qui?**

    Used as a subject of a verb, for things, meaning *what*?

    Qu'est-ce qui s'est passé?
    (What happened?)
    Qu'est-ce qui est devant la porte?
    (What is in front of the door?)

d. **que?**
   qu'est-ce que?

   Used as object of a verb, for things, meaning *what?*

   Que dites-vous?
   (What are you saying?)
   Qu'est-ce que vous voulez?
   (What do you want?)

e. **à qui**

   Prepositional phrase to denote ownership for persons, meaning *whose?*

   A qui sont ces pommes?
   (Whose apples are these?)
   A qui est ce journal?
   (Whose newspaper is this?)

f. **de qui?**
   de qui est-ce que?

   Prepositional phrase to denote relationship to someone, for persons, meaning *whose?*

   De qui est-elle la nièce?
   (Whose niece is she?)
   De qui est-ce que c'est le fils?
   (Whose son is he?)

g. **quoi?**

   Used as object of a preposition, for things, meaning *what?* May also stand alone as an interrogative-type exclamation.

   Avec **quoi** écrit-il?
   (With what does he write?)
   De **quoi** parle-t-elle?
   (What is she speaking about?)
   Quoi? Vous le croyez?
   (What? You believe him?)

h. **lequel, laquelle**
   lesquels, lesquelles

   Used as subject or object of a verb, or as object of a preposition. For persons or things, meaning *which one?*, *which ones?*, or *which?*

These forms, whether they are used as relative or interrogative pronouns, make the usual contractions:

à + lequel = auquel
à + lesquels = auxquels
à + lesquelles = auxquelles

de + lequel = duquel
de + lesquels = desquels
de + lesquelles = desquelles

Auquel des enfants parle-t-il?
   (To which of the children is he speaking?)
De laquelle des jeunes filles êtes-vous le frère?
   (Of which one of the girls are you the brother?)

    i. **qu'est-ce que c'est que?**   Used in explanations or definitions, meaning what is?

Qu'est-ce que c'est qu'une encyclopédie?
(What is an encyclopedia?)
Qu'est-ce que c'est que cela?
(What is that?)

Note: The interrogative adjectives **quel, quelle, quels, quelles** *may be used in exclamations to mean what a! or what!*

Quelle invention!
(What an invention!)
Quels chapeaux!
(What hats!)

EXERCISES ON LESSON X

I. Fill in the blanks with the proper interrogative pronoun:

1. _____ est arrivé? (What)
2. _____ vous voulez? (What)
3. De _____ parlez-vous? (what)
4. _____ veut-il? (What)
5. _____ des soeurs est plus jolie? (Which one)
6. _____ est-elle la soeur? (Whose)
7. _____ est cette plume? (Whose)
8. _____ des oncles sont arrivés? (Which)
9. Avec _____ écrivons-nous? (what)
10. _____ se trouve dans le magasin? (Who)
11. _____ vous avez indiqué? (Whom)
12. A _____ avez-vous répondu? (whom)
13. _____ vous avez vu sous le bureau? (What)
14. Chez _____ est-elle allée? (whom)
15. _____ vous avez invité au carnaval? (Whom)

II. Write the question suggested by the following answers:

Example: Jean est allé au marché. (Who)
    Qui est allé au marché?

1. Il est allé chez sa cousine. (To whose house)

2. Ce cahier est à Louise. (Whose)

3. Je suis le cousin de Georges. (Whose)

4. Moi, j'ai dit cela. (Who)

5. Ils ont téléphoné à Joséphine. (To whom)

6. Les morceaux de craie sont sur le pupitre. (What)

7. Il répond au télégramme. (To what)

8. Nous parlons du match. (About what)

9. Je désire deux livres de viande. (What)

10. Marie est restée à la maison. (Who)

III. Translate into French:

1. Which book? Which one? Which girl? Which one?

2. Which boys? Which ones? Which houses? Which ones?

3. Who said it? (two ways: long and short forms)

4. What do you mean? (Two ways)

5. Whose books are these?

6. Whom did you meet? (Two ways)

7. Whose sister is she?

8. With what did he do this work?

9. Which of these answers are yours?

10. At whose house did he remain?

11. Of whom are they speaking? (Two ways)

12. What a story! What letters!

13. What is a Guide Michelin?

14. To which ones did you go?

15. What a boy! What boys!

16. What is a daiquiri?

17. Whom do you mean? (Two ways)

18. What is under his coat?

19. Which one is older?

20. What are you looking for? (Two ways)

21. Who is the cook? (Two ways)

22. What happened?

23. For whom is he working? (Two ways)

24. Whose friend are you?

25. Whose classroom is this?

LESSON XI

THE NEGATIVES

As has been noted, French usually uses two words to express the negative. Pay special attention to the placement of these words in relation to the verb in simple and compound tenses.

1. **ne...pas** (not)

    Elle **n'a pas** de pain.   (She has no bread.)
    Je **n'ai pas** mangé de pain.   (I didn't eat any bread.)

    As was explained (page 7, b) the definite article is omitted in the negative partitive.

2. **ne...jamais** (never)

    Il **ne** vient **jamais**.   (He never comes.)
    Vous **n'**avez **jamais** compris. (You have never understood.)

    When **jamais** is used without **ne**, it means *ever*:

    Êtes-vous **jamais** allé en France? (Have you ever gone to France?)

    Jamais may stand alone, meaning *never*:

    Avez-vous vu les Alpes? **Jamais.** (Have you ever seen the Alps? Never.)

3. **ne...rien** (nothing)

    Elle **ne** fait **rien**.   (She does nothing.)
    Vous **n'**avez **rien** accompli. (You have accomplished nothing.)

    Rien may stand alone, or it may be used as a subject:

    Que voit-il? **Rien.**   (What does she see? Nothing.)
    Rien n'est sûr maintenant.   (Nothing is sure now.)

4. **ne...personne** (no one, anyone)

    Vous **ne** regardez **personne**. (You don't look at anyone.)
    Je **n'**ai vu **personne**.   (I didn't see anyone.)

    Note that **personne** follows the past participle in compound tenses.

    Personne, like **rien**, may stand alone, or be used as a subject:

    Qui est arrivé? **Personne.**   (Who arrived? No one.)
    Personne n'a suivi.   (No one followed.)

5. **ne...plus** (no longer, no more)

    Elle **n'**écrit **plus**.   (She no longer writes.)
    Je **n'**y suis **plus** allé.   (I didn't go there anymore.)

6. **ne...que**   (only)

    Il **n'a que** dix francs.   (He only has ten francs.)
    Il **n'a** reçu **que** deux lettres.   (He received only two letters.)

Note that **que**, like **personne,** follows the past participle in compound tenses.

7. **ne...point**   (not at all)

    Il **n'a point** d'amis.   (He has no friends at all.)
    Je **n'ai point** parlé.   (I didn't speak at all.)

8. **ne...guère**   (hardly, scarcely)

    Elle **ne** chante **guère.**   (She hardly sings.)
    Ils **n'ont guère** écouté.   (They hardly listened.)

9. **ne...ni...ni**   (neither...nor)

    Je **n'ai ni** livres **ni** cahiers.
        (I have neither books nor notebooks.)
    Il **n'a** répondu **ni** aux télégrammes **ni** aux lettres.
        (He answered neither the telegrams nor the letters.)

*Note that the article may be omitted in a sentence with **ne...ni...ni**. However, as in the second example, the article is used in French when it is expressed in English.*

Ni may be used three or more times, and each time it precedes the similar words in the sentence:

    Il **ne** veut **ni** manger, **ni** boire, **ni** dormir, **ni** se laver.
        (He wants neither to eat, to drink, to sleep, or to wash.)

10. **ne...pas du tout**   (not at all)

    Elle **ne** fume **pas du tout.**   (She doesn't smoke at all.)
    Il **n'a pas du tout** compris.   (He didn't understand at all.)

11. **ne...aucun**   (no, none)
    ne...nul   (no, none)

These are negative adjectives that modify a noun. **Nul (nulle)** is not very commonly used.

    Aucun élève **n'est** plus sérieux.   (No pupil is more serious.)
    Nul aimi **ne** s'est présenté.   (No friend came forward.)

The negative of **quelque chose** (something) is **rien.**
The negative of **quelqu'un** (someone) is **personne.**

    Avez-vous vu **quelque chose?** Non, je **n'ai rien** vu.
        (Did you see something? No, I saw nothing.)
    Avez-vous vu **quelqu'un?** Non, je **n'ai** vu **personne.**
        (Did you see anyone? No, I saw no one.)

After a negative sentence, yes is expressed by **si,** not **oui.**

Vous n'avez pas compris cette partie. **Si,** je l'ai comprise.
  (You didn't understand this part. Yes, I did understand it.)
Il ne pleut pas? **Si,** il commence à pleuvoir.
  (It's not raining? Yes, it's beginning to rain.)

ne pas, meaning *not to* in English, comes together before the infinitive:

Il m'a prié de **ne pas** parler. (He asked me not to speak.)

Pas may be omitted in the negative of certain verbs, like **savoir, pouvoir, oser, cesser:**

Je ne sais que faire.	(I don't know what to do.)
Je ne puis le comprendre.	(I can't understand him.)
Elle n'ose répéter cela.	(She doesn't dare to repeat that.)
Il ne cesse de pleuvoir.	(It doesn't stop raining.)

Non plus is a negative expression that means neither or either:

Il n'a pas fini **non plus.**	(He didn't finish either.)
Ni moi **non plus.**	(Nor I either.)
Je ne parle pas. Ni lui **non plus.**	(I'm not speaking. He neither.)

EXERCISES ON LESSON XI

I. Answer the following questions in the negative:

1. Y a-t-il quelqu'un à côté de lui? _____

2. A-t-il trouvé mon billet? _____

3. Ont-ils perdu quelque chose? _____

4. Est-ce que quelqu'un est arrivé ce matin? _____

5. Etes-vous allé au cinéma? _____

6. Vient-il quelquefois? (Ne...jamais) _____

7. Avez-vous de la viande? _____

8. Voulez-vous des haricots verts? _____

9. Ont-ils du temps aujourd'hui? _____

10. Est-ce que quelque chose est important aujourd'hui? _____

II. Rewrite the following sentences in French, adding the English words in parentheses:

1. Nous avons lu ce livre-là. (never) _____

2. Il fait des voyages en Europe. (no longer) _____

3. J'ai reçu un télégramme. (not) _____

4. Nous avons chanté. (not at all) _____

5. Elle a reçu deux lettres. (only) _____

6. Elle comprend l'anglais. (hardly) _____

7. Elle va en Belgique. (never) _____

8. J'ai une soeur. (only) _____
9. Il était jeune. (no longer) _____
10. Il a du temps. (hardly) _____

III. Translate the words in parentheses into French:
1. Elle ne comprend pas la leçon? _____ (Yes), elle la comprend.
2. _____ (Nothing) est arrivé.
3. _____ (No teacher) était dans la salle.
4. Vous n'y allez pas? _____ (Nor I either)
5. _____ (Nobody) est à la maison.
6. Qu'est-ce qu'il va accomplir? _____ (Nothing.)
7. Il n'a porté _____ (neither) manteau _____ (nor) chapeau.
8. Il m'a dit de _____ (not to) courir.
9. Quand je suis entré, je _____ (saw no one.)
10. Il m'a dit qu'il _____ (heard nothing).

IV. Use the expressions in parentheses in the following sentences, rewriting them completely with any necessary changes:

1. Vous avez quelque chose à lire. (ne...rien) _____

2. Nous avons de l'argent et des amis. (ne...ni...ni) _____

3. Une jeune homme est arrivé. (personne...ne) _____

4. Il a été en Italie. (ne...jamais) _____

5. Elle nage dans la piscine. (non plus) _____

6. Je vous demande de venir. (not to — ne pas) _____

7. Un monsieur est à la porte. (personne...ne) _____

8. Il a fini les premiers exercices. (ne...que) _____

9. Nous avons voyagé par le train. (ne...guère) _____

10. Je fume. (ne...point) _____

LESSON XII

THE INDEFINITES

Some French adjectives are called indefinite. Those listed here have idiomatic uses:

1. **tout, toute, tous, toutes** (all, every, the whole)

    Toute la famille sera là. (The whole family will be there.)
    Il y va **tous les jours.** (He goes there every day.)
    Tout homme mérite cela. (Every man deserves that.)

2. **quelque, quelques** (a little, some, few)

    Il me reste **quelque** temps. (Some time remains to me.)
    Il a fait **quelques** portraits. (He made some portraits.)

    Compare this last sentence with:

    Il a fait **des** portraits. (He made some portraits.)

    The sentence with **quelques portraits** gives the idea of some in the sense of several, while **des portraits** means a number of portraits that is much more indefinite: (He made portraits.)

3. **chaque** (each, every)

    Il nous fait visite **chaque** jour. (He visits us every day.)
    Elle dit cela **chaque** fois. (She says that every time.)

4. **tel, telle, tels, telles** (such, like, as)

    Je ne peux pas imaginer une **telle** ville.
      (I can't imagine such a city.)

    Note that the indefinite article precedes this adjective in French, while it follows in English: **une telle**   *such a*

    Telles sont les jeunes filles. (Such are young ladies.)
    Tel maître, **tel** valet. (Like master, like servant.)

5. **même, mêmes** (itself, very, even, same)

    Même son frère l'évite. (Even his brother avoids him.)
    Georges est l'honneur **même**. (George is honor itself.)
    Ses amis **mêmes** ne le croient pas. (His very friends don't believe him.)
    J'ai lu les **mêmes** histoires. (I read the same stories.)

    Other indefinite adjectives are:

    plusieurs (several)
    certain, certaine, certains, certaines (certain)
    autre, autres (other)

Some important indefinite pronouns are:

1. **chacun, chacune** (each one, everyone)

    Chacun a ses propres goûts. (Each one has his own tastes.)

2. **quelqu'un, quelques-uns, quelques-unes** (some one, some)

    Quelqu'un est à la porte. (Some one is at the door.)
    J'en ai vu **quelques-uns**. (I saw some of them.)

3. **quelque chose** (something)

    Il demande **quelque chose**. (He's asking for something.)
    Je désire **quelque chose** de joli. (I want something pretty.)

    Quelque chose is always masculine as a pronoun, even though the noun is feminine (**la chose**):

    Quelque chose est arrivé. (Something happened.) The past participle does not add **e**.

    Note too that **quelque chose** *is followed by* **de** *when coming before an adjective:* ***quelque chose de joli***

4. **on** (one, they, people)

    On peut le faire si **on** veut.
      (One can do it if one wishes.)
    On a fait construire une nouvelle maison.
      (They built a new house.)

    Very commonly, **on** is used in French to avoid the use of the passive:

    Ici **on** parle anglais. (English is spoken here.)
    On emploie le passé du verbe. (The past of the verb is used.)

5. **tout, toute, tous, toutes** (all, everything)

    Il a **tout** lu et **tout** vu. (He's seen and read everything.)
    Je les ai vu **tous**. (I saw them all.)

EXERCISES ON LESSON XII

I. Fill in the blanks with the correct French words:

1. _____ (Several) de ses amis sont partis.
2. Elle nous fait visite _____ (every) samedi.
3. _____ (The whole) classe est partie en vacances.
4. _____ (Some one) frappe à la porte.
5. Avez-vous jamais vu _____ (such a) jeune homme?
6. _____ (Every) femme cherche un mari.
7. Il lit _____ (the same) livres que moi.
8. Nous avons fait _____ (several) fautes.
9. _____ (Everyone) aime la liberté.
10. Avez-vous trouvé _____ (something good)?
11. _____ (One) peut faire cela cet après-midi.
12. _____ (Even) son professeur ira à la fête.
13. _____ (Like) père, _____ (like) fils.
14. _____ (Such a) idée est difficile à accepter.
15. J'en ai compté _____ (several).
16. Les _____ (other) cartes sont plus belles.
17. Jean est l'honnêteté _____ (itself).
18. _____ (Something) est arrivé aujourd'hui.
19. Elle a _____ (some) difficulté à comprendre cela.
20. _____ (Each) voyage est une aventure.

SUPPLEMENTARY EXERCISES (GRAMMAR)

LESSON I

I. Fill in the blanks with the correct form of the definite article, the indefinite article, or the partitive. Some blanks, of course are not to be filled in:

1. Mon ami est _____ Américain; il parle _____ anglais.
2. La plupart _____ nations désirent la paix.
3. Ils ont mangé _____ croissants, et ils ont bu _____ café au lait.
4. _____ professeur Dupont donne une conférence aujourd'hui.
5. Son frère est _____ excellent ingénieur; son cousin est _____ architecte.
6. Elle aime _____ basketball, mais son amie préfère _____ football.
7. Il demande un verre _____ bière, mais je bois _____ vin.
8. _____ golf et _____ tennis sont nos sports favoris.
9. Il a fait beaucoup _____ fautes; son camarade _____ fait moins.
10. Dans notre groupe il y a _____ garçons et _____ jeunes filles.
11. Combien _____ fois a-t-il téléphoné?
12. Ils savent _____ français, et ils étudient _____ allemand.
13. A-t-il _____ soeurs? Il _____ a une.
14. Bien _____ soldats ont été blessés.
15. _____ dimanche ma famille va à l'église.
16. Elle a toujours trop _____ travail, et peu _____ temps.
17. Dans ma famille, _____ femmes sont plus grandes que _____ hommes.
18. Le livre _____ italien est difficile à comprendre.
19. Paris, _____ capitale de la France, a beaucoup _____ quartiers intéressants.
20. Mon père est _____ avocat.
21. Il se lave _____ figure et _____ mains.
22. Je partirai pour New-York _____ mardi.
23. Quelle _____ fête! Nous n'avons jamais vu tant _____ drapeaux.
24. _____ printemps et _____ automne sont les plus belles saisons.
25. Sur la table elle a mis _____ bon pain et _____ fromage.
26. Nous mangeons _____ viande et _____ oeufs.
27. A-t-elle assez _____ argent pour acheter un kilo _____ pommes de terre?

28. Dans ce village il y a _____ jolies maisons et _____ beaux arbres.
29. J'aime _____ bifteck, mais je ne mange pas _____ poisson.
30. Il ne veut plus _____ salade.

II. Translate the following phrases into French:

1. many books _____
2. too many times _____
3. enough patience _____
4. a pound of sugar _____
5. a kilo of meat _____
6. a cup of tea _____
7. less money _____
8. more gifts _____
9. as much milk _____
10. a box of toys _____
11. a glass of water _____
12. a dozen apples _____
13. a little confidence _____
14. a liter of gasoline _____
15. a pile of stones _____

LESSON II

I. Write the following nouns and adjectives in the plural:

1. le travail _____ 18. le cheveu _____
2. l'oeil _____ 19. le vitrail _____
3. le détail _____ 20. la fois _____
4. le bijou _____ 21. brutal _____
5. la dame _____ 22. heureux _____
6. le manteau _____ 23. nouveau _____
7. le chandail _____ 24. bas _____
8. un animal _____ 25. fier _____
9. le caillou _____ 26. bon _____
10. un ciel _____ 27. national _____
11. l'arc-en-ciel _____ 28. tout _____

12. le château _____ 29. favori _____
13. le métal _____ 30. beau _____
14. mademoiselle _____ 31. gentil _____
15. un après-midi _____ 32. actif _____
16. le grand-père _____ 33. dernier _____
17. une amie _____ 34. petit _____
                                                          35. sec _____

II. Write the adjectives of Exercise I (numbers 21 to 35) in the feminine singular and the feminine plural.

21. _____ 28. _____
22. _____ 29. _____
23. _____ 30. _____
24. _____ 31. _____
25. _____ 32. _____
26. _____ 33. _____
27. _____ 34. _____
                                  35. _____

III. Write all the forms of the comparative and the superlative of the following adjectives and adverbs:

    Examples: fréquemment   plus fréquemment   le plus fréquemment
                                      moins fréquemment le moins fréquemment
                                      aussi fréquemment

                 rapide   plus rapide   le plus rapide
                                 moins rapide   le moins rapide
                                 aussi rapide

1. souvent _____ 9. mauvais _____
   _____ _____
   _____ _____
   _____ _____

2. brave _____ 10. beaucoup _____
   _____ _____
   _____ _____
   _____ _____

3. bonne _____ 11. heureusement _____
   _____ _____
   _____ _____
   _____ _____

4. mal _____   12. peu _____

5. poliment _____   13. grande _____

6. bien _____   14. importante _____

7. peu _____   15. vite _____

8. petits _____   16. sèche _____

IV. Write the adverbs formed from the following adjectives:

1. triste _____   11. frais _____
2. mauvais _____   12. sec _____
3. prudent _____   13. gentil _____
4. bon _____   14. dernier _____
5. immédiat _____   15. évident _____
6. joyeux _____   16. vrai _____
7. précis _____   17. heureux _____
8. doux _____   18. lent _____
9. puissant _____   19. énorme _____
10. meilleur _____   20. constant _____

V. Place *the proper form of the adjective or adverb* in parentheses in their correct position in the sentence. Rewrite each sentence:

1. Elle connaît les garçons. (autre) _____

2. Cet arbre est splendide. (vieux) _____

3. Nous avons visité les pays. (le plus intéressant) _____

4. Le jeune homme a parlé. (beaucoup) _____

5. Elle a choisi le livre. (le plus grand) _____

6. Ils ont discuté. (sérieusement) _____

7. Vous faites des promenades. (long) _____

8. Il a acheté les pommes. (meilleur) _____

9. Elle a vécu en Europe. (toujours) _____

10. Elles portaient des robes. (élégant) _____

VI. Translate into French, with particular care about the position of the adjective:

1. a clean house; my own house _____
2. a brave soldier; a good soldier _____
3. last week; the last week _____
4. our former school; ancient history _____
5. the public benches; the beautiful trees _____
6. the youngest boys; the most pleasant hours _____
7. a dear friend; an expensive gift _____
8. the same idea; the very idea (the idea itself) _____
9. the prettiest walks; the most intelligent pupils _____
10. his dearest memory; my most comfortable chair _____

LESSON III

I. Write the following geographical nouns with the preposition *in:*

1. la Suisse (Switzerland) _____
2. Rome _____
3. Les Etats-Unis _____
4. l'Amérique du Sud _____
5. Amérique _____
6. la Floride _____
7. le Portugal _____
8. Bruxelles (Brussels) _____
9. le Brésil _____
10. l'Espagne (Spain) _____
11. le Havre _____
12. l'Afrique _____
13. Los Angeles _____
14. le Japon _____
15. la Normandie _____
16. la Nouvelle-Orléans _____
17. la Corse (Corsica) _____
18. le Chili _____
19. la Havane _____
20. l'Angleterre _____
21. Paris _____
22. l'Australie _____
23. l'Allemagne (Germany) _____
24. le Pérou (Peru) _____
25. la Chine _____

II. Write the geographical nouns of Exercise I with the preposition *from.*

1. _____
2. _____
3. _____
4. _____
5. _____
6. _____
7. _____
8. _____
9. _____
10. _____
11. _____
12. _____
13. _____
14. _____
15. _____
16. _____
17. _____
18. _____
19. _____
20. _____
21. _____
22. _____
23. _____
24. _____
25. _____

LESSON IV

I. Write the following in French:

1. 100; 200; 399; 480; 590; 671; 760; 851; 942; 1,000; 2,000 _____

2. 1st; 101st; 319th; 404th; 625th; 716th; 921st; 99th; 77th _____

3. 111; 222; 333; 444; 555; 666; 777; 888; 999; 1,001 _____

4. the first pages; the 11th time; the 8th lesson _____

5. April 1st; December 25th; June 23rd; January 31st _____

6. Today is Wednesday, November 28th, 1979. _____

7. a dozen eggs; about 50 men; about 100 yards _____

8. Louis I; Charles II; Henry VIII; Clement V _____

9. 3,000 years; 2,000,000 children; 1,000 soldiers _____

10. the first two weeks; the first three boys _____

II. Write the following arithmetical operations in French:

1. 91 minus 39 = 52; 87 plus 14 = 101 _____

2. 66 divided by 3 = 22; 16 plus 25 = 41 _____

3. 18 times 6 = 108; 33 times 3 = 99 _____

4. 80 divided by 4 = 20; 71 minus 40 = 31 _____

5. 17 plus 29 = 46; 1/4 plus 1/3 = 7/12 _____

LESSON V

I. Write the following times of day in French:

1. It is 8:22; It is 11:50 a.m.; It is 11:55 p.m. _____

2. It is 9:15; It is 10:30; It is 3:45 _____

3. It is 4:02; It is 1:57; It is 2:43 _____

4. It is exactly 7 o'clock. _____

5. It is midnight; It is noon _____

6. It is 1:11; It is 2:22; it is 3:33 _____

7. It is 12:11 p.m.; It is 12:20 a.m. _____

Use the 24-hour official time system in the following:

8. At 3:15 p.m.; At 4:30 a.m. _____

9. At 12 noon; at 12 midnight _____

10. At 11:03 p.m.; at 4:45 a.m. _____

II. Write in French:

1. Sunday; Tuesday; Thursday; Saturday; Monday; Wednesday; Friday _____

2. December; June; August; July; February; April; March; January; May; October; September; November _____

3. A half-hour; an hour and a half _____

4. What time is it? _____

5. In May; in the month of June; in the 12th century _____

6. In the summer; in the spring; in the winter; in the fall _____

LESSON VI

I. Fill in the blanks with the correct possessive adjective or pronoun, making any contractions that are necessary:

1. _____ (My) soeur est plus petite que _____ (his).
2. Nous comprenons _____ (our) leçon et ils comprennent _____ (theirs).
3. _____ (Her) idée est plus intéressante que _____ (mine).
4. Elle écrit à _____ (her) oncle, et nous écrivons à _____ (ours).
5. _____ (Their) chien est plus méchant que _____ (yours).
6. Tu racontes _____ (your) histoire; et il raconte _____ (his).
7. Ils ont fini _____ (their) devoirs, mais tu n'as pas fini _____ yours.
8. _____ (her) neveu et _____ (her) nièce demeurent dans _____ (our) ville.
9. Elle répond à _____ (my) télégrammes et je réponds à _____ (hers).
10. _____ (Your) bicyclettes sont plus légères que _____ (his).

73

II. Replace the boldface prepositional phrases by possessive pronouns:

Note that **il est, elle est, ils sont, elles sont** *must change to* **c'est** *or* **ce sont** *before a possessive pronoun.*

1. Ce bateau est **à moi**; il est **à moi**. _____

2. Ces jardins sont **à elle**; ils sont **à elle**. _____

3. Cette chanson est **à nous**; elle est **à nous**. _____

4. Ces allumettes sont **à eux**; elles sont **à eux**. _____

5. Cette monnaie est **à vous**; elle est **à vous**. _____

6. Ces bonbons sont **à toi**; ils sont **à toi**. _____

7. Cette tasse est **à moi**; elle est **à moi**. _____

III. Rewrite the following sentences, translating the English words into French:

1. *An uncle of his* est arrivé ce matin. _____

2. *Her niece and nephew* vont passer l'été en Bretagne. _____

3. Elle s'est lavé *her hands*. _____

4. *A friend of mine* m'a accompagné. _____

5. Je vais me brosser *my hair*. _____

6. Il se coupe *his finger*. _____

IV. Change the words in bold face type to possessive pronouns, rewriting each sentence:

1. **Ma propriété** et **votre propriété** sont très chères. _____

2. **Ses amis** et **mes amis** seront à la fête. _____

3. **Votre église** et **leur église** sont vieilles. _____

4. **Notre chat** et **leur chat** aiment à jouer. _____

5. **Ton jardin** et **mon jardin** sont les plus beaux. _____

V. Answer the following questions in French, using possessive pronouns:

1. Connaissez-vous ses soeurs? _____
2. Voulez-vous regarder mes cahiers? _____
3. Ont-ils apporté leurs cartes? _____
4. Avez-vous acheté votre billet? _____
5. Comprend-il ta réponse? _____

LESSON VII

I. Fill in the blanks with the correct demonstrative adjective or pronoun:

1. _____ pommes-ci sont plus mûres que _____ .
2. _____ arbre-là est aussi vieux que _____ .
3. _____ statue-ci est moins fameuse que _____ .
4. _____ livres-là sont plus intéressants que _____ .
5. _____ film-ci est plus long que _____ .

II. Fill in the blanks with **c'est, ce sont, il est, elle est, ils sont,** or **elles sont**:

1. _____ mon meilleur ami.
2. _____ impossible de savoir cela.
3. _____ à moi.
4. _____ aujourd'hui le deux juin.
5. Avez-vous fait la connaissance de sa femme? _____ extrêmement jolie.
6. _____ le plus joli village du département.
7. Donnez-moi la poupée; _____ la mienne.
8. _____ Hélène qui est arrivée.
9. _____ dangereux à faire.
10. Lisez ses romans; _____ excellents.
11. Qu'en pensez-vous? _____ magnifique!
12. _____ minuit et demi.

13. _____ aussi intelligent que son père.
14. Ces meubles sont-ils à vous? Non, _____ ceux de notre voisin.
15. _____ pharmacien; je crois que _____ un bon pharmacien.

III. Fill in the blanks with the correct demonstrative pronoun:

1. Hélène et sa soeur passeront l'été en Bretagne; _____ (the former) est plus âgée que _____ (the latter).
2. Ma voiture et _____ (George's) sont neuves.
3. _____ (That) me plaît beaucoup.
4. _____ (This) est plus sérieux que _____ (that).
5. Mon chapeau et _____ (Louis') sont trop lourds.
6. Qu'est-ce qu'il pense de _____ (that)?
7. Voici des cerises et des pommes; je préfère _____ (the latter) mais elle choisit _____ (the former).
8. Voyez-vous cette jeune fille qui traverse la rue? _____ est ma meilleure amie.
9. Il a lu ce livre-ci et _____ (his brother's).
10. Ces billets-ci sont plus chers que _____ (those).

LESSON VIII

I. Rewrite the following sentences, changing the underlined nouns to pronouns: *Careful about agreement of past participles* (Verb lesson VII)

1. Elles ont montré **les poissons aux enfants.** _____

2. Il a raconté **l'histoire à sa cousine.** _____

3. J'ai donné **le cahier à mes amis.** _____

4. Nous avons parlé **du film aux élèves.** _____

5. J'ai mis **les gants sur le bureau.** _____

6. Montrez **la lettre à vos parents.** _____

7. Il a commencé à lire **le télégramme à ses parents.** _____

8. Ils ont laissé **de l'argent sur la table.** _____

9. Je vais envoyer **les fruits à la maison.** _____

10. Apportez **la photographie à Charles.** _____

II. Answer the following questions in the affirmative, changing all nouns to pronouns:

1. Promettez-vous le cadeau à Jean? _____

2. Voit-il les chats dans le jardin? _____

3. Demande-t-il des renseignements à l'agent de police? _____

4. Commence-t-elle les devoirs dans sa chambre? _____

5. Rend-il les clefs à sa mère? _____

6. Vendent-ils des vêtements aux clients? _____

7. Montre-t-il la chambre à la concierge? _____

8. Mettez-vous du beurre sur le pain? _____

9. Ecrivez-vous la lettre dans la bibliothèque? _____

10. Laisse-t-elle les gants sous la chaise? _____

Now change the questions from the present tense to the passé composé, and answer them in the passé composé

1. _____

2. _____

3. _____

4. _____

5. _____

6. _____

7. _____

8. _____

9. _____

10. _____

Answer the questions in the negative, first in the present tense, then in the passé composé

1. _____

2. _____

3. _____

4. _____

5. _____

6. _____

7. _____

8. _____

9. _____
_____
10. _____
_____

Exercise II may be oral or written, preferably both. Tenses of the questions can be changed by the teacher, with answer given in the same tense as the question, both in the affirmative and the negative.

III. Change the following sentences to the affirmative imperative:

1. Ne leur en parlez pas. _____
2. Ne vous lavez pas. _____
3. Ne leur en donnez pas. _____
4. Ne les y envoyez pas. _____
5. Ne le leur dites pas. _____
6. Ne nous le racontez pas. _____
7. Ne lui en prêtez pas. _____
8. Ne nous les présentez pas. _____
9. N'y en envoyez pas. _____
10. Ne t'en va pas. _____

IV. The following exercises should be done orally in French as rapidly as possible:

1. a. They show it to me.
   b. They show them to me.
   c. They show them to us.
   d. They show it to us.
   e. They show it to you.
   f. They show some to you.
   g. They show some to him.
   h. They show them to him.
   i. They show them to me.
   j. They show some to me.
   k. They show some to them.
   l. They show it to them.
   m. They show it to her.
   n. They show some to her.
   o. They show some to us.
   p. They show them to us.

2. Do this same exercise in the negative:

3. a. She's going to give me some.
   b. She's going to give them some.
   c. She's going to give us some.
   d. She's going to find me there.
   e. She's going to find them there.
   f. She's going to find us there.
   g. She's going to find him there.
   h. She's going to find you there.

4. Do this same exercise in the negative:

5. Do exercise 3 beginning each sentence with <u>She has just given</u> and <u>She has just found</u> instead of <u>She's going to give</u> and <u>She's going to find</u>:

6. a. Give it to me.
   b. Give them to me.
   c. Give them to us.
   d. Give them to him.
   e. Give some to him.
   f. Give some to them.
   g. Give it to them.
   h. Give it to her.
   i. Give them to her.
   j. Give them to them.

7. Now do this exercise in the negative:

V. Fill in the blanks with the correct pronoun:

1. Elle fait la cuisine _____ (herself).
2. _____ (They, emphatic) ils ont tort, et _____ (I, emphatic) j'ai raison.
3. _____ (He) et _____ (she) nous attendent.
4. Sans _____ (me), il ne peut pas finir.
5. C'est _____ (he); ce sont _____ (they).
6. J'ai choisi _____ (you) et _____ (her).
7. Habillons- _____ (ourselves); lave- _____ (yourself).
8. Elle me présentera à _____ (them).
9. Je pense constamment à _____ (her).
10. Je n'ai pas téléphoné à _____ (his) père; j'ai téléphoné à _____ (her) père.

LESSON IX

I. From each of the following pairs of sentences, write one sentence connected by the relative pronoun **que** or **qui**:

1. Connaissez-vous le roman? Je lis le roman. _____

2. Voilà le chapeau. Je vais porter le chapeau. _____

3. Il regarde le tableau. Le tableau est magnifique. _____

4. Ouvrez la boîte. La boîte est lourde. _____

5. Donnez-moi l'essai. Vous avez écrit l'essai. _____

6. Elle joue au tennis. Le tennis est un sport excellent. _____

7. Voici la voiture. Il l'a achetée la semaine dernière. _____

8. J'ai vu le jeune homme. Le jeune homme fera ce travail. _____

9. Le paquet est arrivé hier. Où est le paquet? _____

10. Elle a écrit un poème. Voici le poème. _____

II. Make a single sentence from each of the following pairs, beginning with the words in parentheses. In each, there will be a preposition and a relative pronoun:

1. J'écris à mes cousins. Mes cousins sont à Paris. (Les cousins) _____

2. Il se promène avec son ami. Son ami est avocat. (L'ami) _____

3. Il est assis devant l'école. L'école est neuve. (L'école) _____

4. Elle parle de son voyage. Son voyage est intéressant. (Le voyage) _____

5. Je travaille pour un vieux monsieur. Il est riche. (Le vieux monsieur) _____

6. Il monte dans l'arbre. L'arbre est haut. (L'arbre) _____

7. Il nage dans la piscine. La piscine est ronde. (La piscine) _____

III. Fill in the blanks with the correct relative pronoun:

1. _____ vous voulez est impossible à obtenir.
2. _____ il a dit est difficile à accepter.
3. Le jeune homme _____ il parle est mon ami.
4. Il sait toujours _____ est nouveau.
5. Le chien _____ l'accompagne est méchant.
6. La ville _____ elle demeure est loin d'ici.
7. Il ne sait jamais _____ il s'agit.
8. Le fauteuil _____ nous avons acheté est confortable.
9. _____ elle pense est facile à accomplir.
10. Voici l'agent _____ a vu l'accident.
11. Il possède les outils _____ vous avez besoin.
12. _____ est arrivé est malheureux.
13. Le pauvre homme n'a guère de _____ vivre.
14. L'église dans _____ il est entré est très vieille.
15. Connaissez-vous les amis avec _____ je suis parti?
16. Je lui donnerai _____ il a besoin.
17. Le voyage _____ vous pensez est passionnant.
18. Le jeune homme _____ parle est mon neveu.
19. Le château _____ ils se réunissent est en Normandie.
20. Le repas _____ elle prépare est délicieux.

IV. Translate the following phrases into French: *Note that the English relative pronoun **what** is used when there is no antecedent.*

1. that he sees _____
2. what I'm thinking of _____

3. whom he knows _____
4. what happened _____
5. what you want _____
6. which he needs _____
7. whose father is here _____
8. who left _____
9. what he's talking about _____
10. what he needs _____
11. what they ask _____
12. with which they read _____
13. for whom I work _____
14. whom you know _____
15. whose mother is ill _____

LESSON X

I. For each of the following statements, ask an appropriate question, using an interrogative adjective or pronoun:

Example: Jean-Pierre est parti ce matin. (Who?...)

Qui est-ce qui est parti ce matin?
Qui est parti ce matin?

1. Elle boit du vin. (Who?...) _____
_____

2. Il est six heures vingt. _____
_____

3. Je parle à mon ami. (To whom?...) _____
_____

4. Il adore ces films-là. (Which?...) _____
_____

5. Nous faisons nos exercices. (What?...) _____
_____

6. Vous préférez retourner en ville. (Where?...) _____
_____

7. Je choisis un poème. (What?...) _____

8. Il regarde les dames. (Whom?...) _____

9. Nous sommes aujourd'hui le deux décembre. (What day?...) _____

10. Ils vont chez Pierre. (To whose house?...) _____

11. Elle écrit avec sa plume. (With what?...) _____

12. Nous avons besoin d'une fourchette. (What?...) _____

13. Il y a des livres sur les rayons. (What?...) _____

14. Je pense à mon voyage. (Of what?...) _____

15. Elle a compris la lecture. (What?...) _____

II. Fill in the blanks with the proper interrogative pronoun or interrogative adjective:

1. _____ jeune fille?
2. _____ vous désirez? (What?)
3. _____ a sommeil? (Who)
4. _____ est sur le lit? (What)
5. Pour _____ travaillez-vous? (whom)
6. _____ garçons choisissez-vous? (Which)
7. _____ il a vu? (Who)
8. Chez _____ il est resté? (whom)
9. De _____ villes parle-t-il? (which)
10. _____ un satellite? (What is)
11. _____ attend-il? (What?)
12. De _____ êtes-vous le cousin? (whose)
13. Avec _____ écrivez-vous? (what)
14. _____ veut du thé? (Who)
15. _____ il veut? (What)

III. Translate the following sentences into French. In some cases, both short and long forms should be used:

Example: What do you see?   **Que** voyez-vous?
   Qu'est-ce que vous voyez?

1. Who is this gentleman? _____
2. Whom do you wish? (Two ways) _____
_____
3. Which house? _____
4. What children! _____
5. Which of the girls are ready? _____
6. Whose friend is she? _____
7. Whose novel is this? _____
8. To whose home is he going? (Two ways) _____
_____
9. What is a "bateau mouche"? _____
10. Which doors are wider? _____
11. What is more important? _____
12. Who has come? (Two ways) _____
_____
13. Of what are you ashamed? _____
14. Which trees did he plant? _____
15. What is he doing? (Two ways) _____
_____
16. Which one of the gardens is prettiest? _____
17. Which fruit do you prefer? _____
18. Whom did he answer? (Two ways) _____
_____
19. What time is it? _____
20. Whose chairs are these? _____

LESSON XI

I. Answer the following questions in the negative:

1. Voulez-vous des épinards? _____

2. Est-ce que quelqu'un est absent aujourd'hui? _____

3. A-t-il perdu quelque chose? _____

4. Joue-t-il quelquefois au tennis? _____

5. Est-il toujours malade? (ne...plus) _____

6. Connaissez-vous cette région? (ne...pas du tout) _____

7. A-t-il trouvé quelqu'un? _____

8. Ont-ils mangé quelque chose? _____

9. Boit-il du vin? _____

10. A-t-elle commencé la leçon? _____

II. Translate the English words into French:

1. J'ai promis de _____ (not to) courir.
2. _____ (No one) sera là.
3. Elle ne mange _____ (neither) carottes _____ (nor) asperges.
4. Je ne comprends pas; _____ (nor he either).
5. Il n'a pas réussi? _____ (Yes), il a réussi.
6. Qui demande du café? _____ (No one).
7. Qu'avez-vous apporté? _____ (Nothing).
8. _____ (Nothing) est plus urgent.
9. _____ (Nobody) vient avant six heures.
10. _____ (No) touriste ne connaît ce quartier.

III. Rewrite the following sentences in French, adding the English words in parentheses:

1. Je comprends ce professeur-là. (never)

2. Elle mange des tomates. (no longer)

3. Nous sommes restés une heure. (only)

4. Il a des amis. (hardly)

5. Vous vous intéressez à la littérature. (no longer)

6. Je suis sûr de cela. (not at all)

7. Elle est vieille. (not)

IV. Rewrite the following sentences, including the expressions in parentheses, and making all necessary changes:

1. Nous avons étudié la philosophie. (ne...guère)

2. Elle a vu cette actrice. (ne...jamais)

3. Il a rencontré quelqu'un. (ne...personne)

4. Ils sont fatigués. (ne...point)

5. Je vais sortir. (ne...pas)

6. Je lui ai dit de répondre. (ne pas)

7. Vous avez deux minutes. (ne...que)

8. Il a trouvé quelque chose. (ne...rien)

9. Un jeune homme est tombé. (Personne ne) ───────────
   ──

10. Quelque chose m'intéresse. (Rien ne) ───────────
    ──

LESSON XII

I. Fill in the blanks with the correct translation of the English words:

1. ─────────── (Something good) en résulte toujours.
2. ─────────── (One) se lève n'importe quand dans cette maison.
3. ─────────── (Such a) chose est difficile à imaginer.
4. ─────────── (Several) des invités étaient malades.
5. ─────────── (Several) enfants avaient faim.
6. ─────────── (Even) sa mère reconnaît les défauts de Charles.
7. ─────────── (Everybody) sait qu'il a dit la vérité.
8. ─────────── (The whole) famille sera en voyage.
9. ─────────── (Each) moment semble une éternité.
10. ─────────── (Some one) a éteint le feu.
11. ─────────── (Like) maître, ─────────── (like) valet.
12. Marie est la vertu ─────────── (itself).
13. ─────────── (The others) resteront à la maison.
14. ─────────── (Such) maisons sont difficiles à trouver.
15. ─────────── (Each one) aura son tour.
16. Ici ─────────── (one) parle espagnol.
17. Nous les comprenons ─────────── (all).
18. Il a imaginé ─────────────────── (something) fantastique.
19. ─────────── (Certain) jeunes filles préfèrent rester chez elles.
20. ─────────── (Some one) a oublié la clef.

PART II: VERBS
LESSON I

LES TEMPS PRIMITIFS (The Principal Parts)

Most verbs have five principal parts in French:

1. **L'Infinitif** (the Infinitive)

   While most English infinitives include the preposition to (to begin, to find), French infinitives do not begin with a preposition. Their endings (**er, ir, re, oir**) are significant in that they may tell us whether the verb falls into one of the three regular conjugations. However, a further study of French verbs will quickly reveal which verbs are regular and which are irregular. A chart of the irregular verbs, as well as the regular ones, is included in this section.

   (parl**er**, pun**ir**, rend**re**, recev**oir**)

2. **Le Participe Présent** (The Present Participle)

   The present participle in French always ends in **ant,** and corresponds to the English ing ending (beginning, finding).

   (parl**ant**, puniss**ant**, rend**ant**, recev**ant**)

   The use of the present participle in French differs greatly from its use in English. Its most important use in French is after the preposition **en**:

   en parlant (in speaking, while speaking, upon speaking, by speaking)
   en punissant (in punishing, while punishing, upon punishing, by punishing)
   en rendant (in giving back, while giving back, upon giving back, by giving back)
   en recevant (in receiving, while receiving, upon receiving, by receiving)

3. **Le Participe Passé** (The Past Participle)

   As will be seen, the past participle is used in all the compound tenses. Its use corresponds very closely to the use of the past participle in English.

   (parl**é**, pun**i**, rend**u**, reç**u**)

4. **Présent de l'Indicatif, première personne du singulier** (Present Indicative, first person singular)

   (je parle, je punis, je rends, je reçois)

5. **Passé Simple, première personne du singulier** (Simple Past, first person singular)

   (je parlai, je punis, je rendis, je reçus)

Knowing the five principal parts of a verb is helpful in forming the various tenses. Below is a chart of the principal parts of some important French verbs:

Meaning	Infinitive	Pres. Part.	Past Part.	Present	Simple Past
to have	avoir	ayant	eu	j'ai	j'eus
to be	être	étant	été	je suis	je fus
to go	aller	allant	allé	je vais	j'allai
to do	faire	faisant	fait	je fais	je fis
to put	mettre	mettant	mis	je mets	je mis
to take	prendre	prenant	pris	je prends	je pris
to say	dire	disant	dit	je dis	je dis
to come	venir	venant	venu	je viens	je vins
to see	voir	voyant	vu	je vois	je vis
to be able	pouvoir	pouvant	pu	je peux	je pus

LESSON II

TENSE FORMATION (The Indicative Mood)

The tenses of the indicative mood are:

1. **Le Présent** (present of regular verbs)

    a. First conjugation (**er**) verbs: Drop final **er** of the infinitive and add endings:

Je parl**e**	Nous parl**ons**
Tu parl**es**	Vous parl**ez**
Il parl**e**	Ils parl**ent**

    b. Second conjugation (**ir**) verbs: Drop final **ir** of the infinitive and add endings:

Je fin**is**	Nous fin**issons**
Tu fin**is**	Vous fin**issez**
Il fin**it**	Ils fin**issent**

    c. Third conjugation (**re**) verbs: Drop final **re** of the infinitive and add endings:

Je rend**s**	Nous rend**ons**
Tu rend**s**	Vous rend**ez**
Il rend	Ils rend**ent**

    The present tense in French usually describes an action taking place now:

    Il parle   (He speaks, he does speak, he is speaking)
    Tu finis   (You finish, you do finish, you are finishing)
    Ils rendent   (They give back, they do give back, they are giving back)

2. **L'Imparfait** (the imperfect)

    Drop the **ons** ending of the first person plural of the present tense and add the endings:

Je parl**ais**	Nous parl**ions**
Tu parl**ais**	Vous parl**iez**
Il parl**ait**	Ils parl**aient**

Verbs ending in **cer** take a cedilla except in the first and second person plural:

Je commen**ç**ais	Nous commen**cions**
Tu commen**ç**ais	Vous commen**ciez**
Il commen**ç**ait	Ils commen**ç**aient

Verbs ending in **ger** add an **e** before the endings except in the first and second person plural:

Je mange**ais**	Nous mang**ions**
Tu mange**ais**	Vous mang**iez**
Il mange**ait**	Ils mange**aient**

The imperfect tense is used to indicate a continuous or repeated past action, or a description in the past. The English *was* or *were* plus the present participle is translated by the French imperfect:

Ils **allaient** (They were going, they used to go, they went)
Elle **courait** (She was running, she used to run, she ran)

Le ciel **était** couvert. (The sky was cloudy.)

3. **Le Futur** (the future)

Verbs of the first and second conjugations (**er** and **ir**) add the future endings directly to the infinitive. Verbs of the third conjugation (**re**) drop the final **e** of the infinitive before adding the endings:

Je parler**ai**	Je finir**ai**	Je rendr**ai**
Tu parler**as**	Tu finir**as**	Tu rendr**as**
Il parler**a**	Il finir**a**	Il rendr**a**
Nous parler**ons**	Nous finir**ons**	Nous rendr**ons**
Vous parler**ez**	Vous finir**ez**	Vous rendr**ez**
Ils parler**ont**	Ils finir**ont**	Ils rendr**ont**

The endings of the future are the same for all verbs, but the following verbs have irregular stems in the future:

aller	j'**ir**ai	pleuvoir	il **pleuvr**a
s'asseoir	je m'**assiér**ai	pouvoir	je **pourr**ai
avoir	j'**aur**ai	recevoir	je **recevr**ai
courir	je **courr**ai	savoir	je **saur**ai
devoir	je **devr**ai	tenir	je **tiendr**ai
envoyer	j'**enverr**ai	valoir	je **vaudr**ai
être	je **ser**ai	venir	je **viendr**ai
faire	je **fer**ai	voir	je **verr**ai
falloir	il **faudr**a	vouloir	je **voudr**ai
mourir	je **mourr**ai		

The use of the future in French parallels closely the use of the future in English. (An exception will be noted in Lesson VI, page 100 III, IV.)

4. **Le Passé Composé** (the past indefinite)

   a. Most French verbs form the past indefinite (present perfect) with the present of the auxiliary verb **avoir** plus the past participle of the main verb:

J'**ai parlé**	Nous **avons parlé**
Tu **as parlé**	Vous **avez parlé**
Il **a parlé**	Ils **ont parlé**
Elle **a parlé**	Elles **ont parlé**

   b. However, 16 common verbs form the past indefinite with the present tense of the auxiliary verb **être** plus the past participle of the main verb. In the case of these sixteen verbs, the past participle agrees with the subject in number and gender, just like an adjective:

Je **suis allé**	Nous **sommes allés**
Tu **es allé**	Vous **êtes allé**
Il **est allé**	Ils **sont allés**
Elle **est allée**	Elles **sont allées**

The 16 verbs conjugated with **être** as the auxiliary are the following:

Infinitive	Past Participle	Meaning
aller	allé	to go
venir	venu	to come
entrer	entré	to enter
sortir	sorti	to go out
arriver	arrivé	to arrive
partir	parti	to depart
monter	monté	to go up
descendre	descendu	to go down
naître	né	to be born
mourir	mort	to die
revenir	revenu	to come back
retourner	retourné	to go back
tomber	tombé	to fall
rester	resté	to stay
rentrer	rentré	to return
devenir	devenu	to become

When memorizing these verbs, it is helpful to think of the first twelve as opposite pairs.

The past indefinite usually denotes a single, definite action in the past:

Il a lu le livre.	(He read the book, he has read the book, he did read the book.)
Elle est tombée.	(She fell, she has fallen, she did fall.)

The auxiliary verb is the true working verb. In the negative, **ne...pas** surround the auxiliary verb. In the interrogative, when inversion is necessary, it is the auxiliary verb which is inverted:

Je n'ai pas rendu l'argent.	(I did not return the money.)
Sont-ils restés à la maison?	(Did they stay at home?)

The difference in usage between the imperfect and the past indefinite can be better understood if the student remembers that the imperfect usually deals with a repeated or continuous past action or a past description, while the past indefinite denotes a single, finished, definite past action:

Elle écrivait des lettres.	(She was writing letters, she used to write...)
Hier elle a écrit une lettre.	(Yesterday she wrote a letter.)

5. **Le Plus-Que-Parfait** (the past perfect)

   The past perfect is formed with the imperfect tense of the auxiliary verb **avoir** or **être** plus the past participle of the main verb:

J'**avais** parlé (I had spoken)	Nous **avions** parlé
Tu **avais** parlé	Vous **aviez** parlé
Il **avait** parlé	Ils **avaient** parlé

J'**étais** resté (I had stayed.)	Nous **étions** restés
Tu **étais** resté	Vous **étiez** resté
Il **était** resté	Ils **étaient** restés
Elle **était** restée	Elles **étaient** restées

   The past perfect in French corresponds closely to the past perfect tense in English, both in usage and meaning.

6. **Le Futur Antérieur** (the future perfect)

   The future perfect is formed with the future tense of the auxiliary verb **avoir** or **être** plus the past participle of the main verb:

J'**aurai** parlé (I shall have spoken.)	Nous **aurons** parlé
Tu **auras** parlé	Vous **aurez** parlé
Il **aura** parlé	Ils **auront** parlé

Je **serai** resté (I shall have stayed.)	Nous **serons** restés
Tu **seras** resté	Vous **serez** resté
Il **sera** resté	Ils **seront** restés
Elle **sera** restée	Elles **seront** restées

   The future perfect tense in French is used very much like the future perfect tense in English.

7. **Le Passé Simple** (the simple past)

   Since the simple past is one of the five principal parts, there are no easy rules for its formation. However, the following rules are helpful:

   a. All **er** verbs drop the final **er** of the infinitive, and add the endings: **ai, as, a, âmes, âtes, èrent**:

Je parlai (I spoke)	Nous parlâmes
Tu parlas	Vous parlâtes
Il parla	Ils parlèrent

b. Regular verbs of the second and third conjugations drop the **ir** or **re** of the infinitive, and add the endings: **is, is, it, îmes, îtes, irent**:

J'obé**is** (I obeyed)	Nous obé**îmes**
Tu obé**is**	Vous obé**îtes**
Il obé**it**	Ils obé**irent**
Je vend**is** (I sold)	Nous vend**îmes**
Tu vend**is**	Vous vend**îtes**
Il vend**it**	Ils vend**irent**

c. All but **er** verbs, regular or irregular, have the endings: **-s, -s, -t, ˆ-mes, ˆ-tes, -rent**

Je b**us**	Nous b**ûmes**
Tu b**us**	Vous b**ûtes**
Il b**ut**	Ils b**urent**

The simple past is used very little in conversation, but it is extremely important in literary and historical writing. In general, it is translated by the simple past in English:

Napoléon **naquit** en Corse.   (Napoleon was born in Corsica.)
Le lendemain il **recommença**.   (The next day he began again.)

8. **Le Passé Antérieur** (the past anterior)

The past anterior is formed with the simple past of the auxiliary verb **avoir** or **être** plus the past participle:

J'**eus** commencé (I had begun)	Nous **eûmes** commencé
Tu **eus** commencé	Vous **eûtes** commencé
Il **eut** commencé	Ils **eurent** commencé
Je **fus** parti (I had left)	Nous **fûmes** partis
Tu **fus** parti	Vous **fûtes** parti
Il **fut** parti	Ils **furent** partis
Elle **fut** partie	Elles **furent** parties

The past anterior is translated like the past perfect (had plus the past participle of the main verb). It is generally used after the subordinate conjunctions **quand, lorsque, dès que, aussitôt que, après que,** and **à peine,** when the main clause is in the simple past:

A peine **eut-il fini** son dîner que le téléphone **sonna**.
   (Hardly had he finished his dinner when the telephone rang.)
Dès qu'il **fut arrivé**, on l'**invita** à la fête.
   (As soon as he had arrived, they invited him to the party.)

LESSON III

TENSE FORMATION (The Conditional Mood)

The tenses of the conditional mood are:

1. **Conditionnel Présent** (The Present Conditional, also called the conditional.)

The conditional is always formed like the future indicative; that is, the endings are added to the whole infinitive in the first and second conjugations, and to the infinitive less the final **e** in the third conjugation:

Je parler**ais** (I would speak)	Nous parler**ions**
Tu parler**ais**	Vous parler**iez**
Il parler**ait**	Ils parler**aient**
Je finir**ais** (I would finish)	Nous finir**ions**
Tu finir**ais**	Vous finir**iez**
Il finir**ait**	Ils finir**aient**
Je vendr**ais** (I would sell)	Nous vendr**ions**
Tu vendr**ais**	Vous vendr**iez**
Il vendr**ait**	Ils vendr**aient**

The conditional is translated by the world *would* plus the main verb, as seen above. Its stem is always like the stem of the future, and its endings, identical to those of the imperfect indicative, are invariable. The special use of the conditional in the sequences of tenses will be explained in Lesson VI.

2. **Conditionnel Passé** (the past conditional)

The past conditional is formed with the conditional of the auxiliary verb **avoir** or **être** plus the past participle:

J'**aurais** parlé (I would have spoken)	Nous **aurions** parlé
Tu **aurais** parlé	Vous **auriez** parlé
Il **aurait** parlé	Ils **auraient** parlé
Je **serais** parti (I would have left)	Nous **serions** partis
Tu **serais** parti	Vous **seriez** parti
Il **serait** parti	Ils **seraient** partis
Elle **serait** partie	Elles **seraient** parties

As seen above, the past conditional is translated by *would have* plus the main verb Its use, similar to that in English, will be explained with the present conditional, page 101.

LESSON IV

TENSE FORMATION (The Imperative Mood)

The imperative mood expresses an order, a request, or a wish. It is usually confined to the second person singular, the first person plural, and the second person plural. Its forms are similar to the corresponding forms of the indicative, except that the *s* of the second person singular form of the first conjugation is omitted:

Parle! (Speak!)	Finis! (Finish)
Parlons! (Let's speak!)	Finissons! (Let's finish!)
Parlez! (Speak!)	Finissez! (Finish!)
Vends! (Sell!)	Aie! (Have!)
Vendons! (Let's sell!)	Ayons! (Let's have!)
Vendez! (Sell!)	Ayez! (Have!)
Sois! (Be!)	Sache! (Know!)
Soyons! (Let's be!)	Sachons! (Let's know!)
Soyez! (Be!)	Sachez! (Know!)

*Note that the imperative of **être, avoir,** and **savoir** is quite irregular.*

In French, as in English, the subject pronoun is usually omitted in the imperative. However, in reflexive verbs, the reflexive pronoun remains. In the affirmative imperative, the reflexive pronoun follows, while in the negative imperative it precedes:

Lève-**toi**! (Get up!)	Ne **te** lève pas! (Don't get up!)
Levons-**nous**! (Let's get up!)	Ne **nous** levons pas! (Let's not get up!)
Levez-**vous**! (Get up!)	Ne **vous** levez pas! (Don't get up!)

Before **y** and **en**, the **s** of verbs ending in **er**, second person singular, is retained:

Parles-en! (Speak about it!)   Vas-y! (Go there!)

To translate May he... or May they..., which are considered imperative forms, the French borrows the third person singular and third person plural forms from the subjunctive:

Qu'il **soit** béni!	(May he be blessed!)
Qu'ils **viennent** tout de suite!	(May they come right away!)

LESSON V

TENSE FORMATION (The Subjunctive Mood)

The subjunctive usually expresses emotion, uncertainty, doubt, or urgency. Verbs in the subjunctive mood are usually in a dependent, relative clause introduced by **que**.

1. **Le Présent du Subjonctif** (the present subjunctive)

   The present is formed in regular verbs by dropping **ent** from the third person plural present indicative, and adding the endings **e, es, e, ions, iez, ent**:

que je parl**e**	que nous parl**ions**
que tu parl**es**	que vous parl**iez**
qu'il parl**e**	qu'ils parl**ent**

que je finiss**e**	que nous finiss**ions**
que tu finiss**es**	que vous finiss**iez**
qu'il finiss**e**	qu'ils finiss**ent**

que je vend**e**	que nous vend**ions**
que tu vend**es**	que vous vend**iez**
qu'il vend**e**	qu'ils vend**ent**

A number of verbs have a different stem for the first and second plural than for the other four forms. Among these are **aller, boire, croire, devoir, envoyer, mourir, prendre (apprendre, comprendre), recevoir, tenir, valoir, venir (revenir, devenir), voir** and **vouloir. Venir** is given here as an example. The others should be checked in the irregular verbs lists.

que je **vienn**e	que nous **ven**ions
que tu **vienn**es	que vous **ven**iez
qu'il **vienn**e	qu'ils **vienn**ent

Other verbs retain the same irregular stem throughout the subjunctive. Among these are **faire, pouvoir,** and **savoir:**

que je **fass**e	que je **puiss**e	que je **sach**e
que tu **fass**es	que tu **puiss**es	que tu **sach**es
qu'il **fass**e	qu'il **puiss**e	qu'il **sach**e
que nous **fass**ions	que nous **puiss**ions	que nous **sach**ions
que vous **fass**iez	que vous **puiss**iez	que vous **sach**iez
qu'ils **fass**ent	qu'ils **puiss**ent	qu'ils **sach**ent

Avoir and **être** are quite irregular:

que j'**aie**	que je **sois**
que tu **aies**	que tu **sois**
qu'il **ait**	qu'il **soit**
que nous **ayons**	que nous **soyons**
que vous **ayez**	que vous **soyez**
qu'ils **aient**	qu'ils **soient**

2. **Le Passé du Subjonctif** (the past subjunctive)

The past subjunctive is formed with the present subjunctive of the auxiliary verb **avoir** or **être**, plus the past participle:

que j'**aie** parlé	que nous **ayons** parlé
que tu **aies** parlé	que vous **ayez** parlé
qu'il **ait** parlé	qu'ils **aient** parlé

que je **sois** allé	que nous **soyons** allés
que tu **sois** allé	que vous **soyez** allé
qu'il **soit** allé	qu'ils **soient** allés
qu'elle **soit** allée	qu'elles **soient** allées

3. **L'Imparfait du Subjonctif** (the imperfect subjunctive)

The imperfect subjunctive is formed by dropping the last letter of the first person singular of the simple past, and adding the endings **sse, sses, ˆt, ssions, ssiez, ssent**:

que je parlasse	que nous parlassions
que tu parlasses	que vous parlassiez
qu'il parlât	qu'ils parlassent
que j'eusse	que nous eussions
que tu eusses	que vous eussiez
qu'il eût	quils eussent
que je rendisse	que nous rendissions
que tu rendisses	que vous rendissiez
qu'il rendît	qu'ils rendissent

4. **Le Plus-que-Parfait du Subjonctif** (the pluperfect subjunctive)

The pluperfect subjunctive is formed with the imperfect subjunctive of the auxiliary verb **avoir** or **être** plus the past participle:

que j'**eusse** parlé	que nous **eussions** parlé
que tu **eusses** parlé	que vous **eussiez** parlé
qu'il **eût** parlé	qu'ils **eussent** parlé
que je **fusse** allé	que nous **fussions** allés
que tu **fusses** allé	que vous **fussiez** allé
qu'il **fût** allé	qu'ils **fussent** allés
qu'elle **fût** allée	qu'elles **fussent** allées

LESSON VI

VERB USAGE — INDICATIVE AND CONDITIONAL MOODS

I. Review of when to use the past indefinite (passé composé), the imperfect (imparfait), or the simple past (passé simple).

As has been stated, the simple past is rarely used in conversation. However, it is used extensively in literary and historical texts, and is therefore an important tense:

La Révolution Française **commença** en 1789.
  (The French Revolution began in 1789.)
Julien Sorel **reçut** une lettre de l'abbé Pirard.
  (Julien Sorel received a letter from Father Pirard.)

The past indefinite denotes a single, definite past action:

J'ai commencé ce roman il y a une heure.
  (I began this novel an hour ago.)
Elle **est entrée** dans la salle à manger.
  (She came into the dining room.)

The single past action may extend over a long period of time:

Il **a vécu** cent ans.   (He lived 100 years.)

The imperfect describes a continuous action in the past, or a repeated past action:

Elle **téléphonait** à Jean.
  (She was phoning John.)
Nous **allions** à la plage tous les jours.
  (We used to go to the beach every day.)

The imperfect is also used for past description:

La cour du palais **était** déserte.
  (The palace courtyard was deserted.)

II. The use of **depuis** with the present tense, and with the imperfect tense.

To describe an action that started in the past and has been going on up to the present, the French use **depuis** and the present tense:

Il **pleut** depuis deux heures.
  (It has been raining for two hours.)
Depuis quand **pleut**-il?
  (How long has it been raining?)
Elle **dort** depuis ce matin.
  (She has been sleeping since this morning.)
Il **est** ici depuis longtemps.
  (He has been here a long time.)

Equivalent constructions for the last sentence are possible with the expressions voilà...que, il y a...que, or voici...que:

Il y a longtemps **qu**'il est ici.   (He has been here a long time.)
Voilà longtemps **qu**'il est ici.
Voici longtemps **qu**'il est ici.

To describe an action that started in the past and went on up to another action in the past, the French use **depuis** and the imperfect tense:

J'étudiais depuis une heure quand vous êtes rentré.
  (I had been studying for an hour when you came back.)

Sometimes the second past action can be understood:

Il **pleuvait** depuis une heure.   (It had been raining for an hour.)

For other expressions that show duration of time in the present, past, or future, **combien de temps** is used:

Combien de temps veut-il rester? Il veut rester une heure.
  (How long does he want to stay? He wants to stay for an hour.)
Combien de temps est-il resté? Il est resté **pendant** une heure.
  (How long did he stay? He stayed for an hour.)
Combien de temps restera-t-il? Il restera **pour** une heure.
  (How long will he stay? He will stay for an hour.)

In these sentences, **pendant** or **pour** was used before the expression of time. However, they may be omitted, as in English:

Il est resté une heure (pour une heure, pendant une heure).
  (He stayed an hour (for an hour).

III. The use of the future after certain expressions.

After the expressions **quand, lorsque, aussitôt que, dès que,** and **après que,** the future (sometimes the future perfect) is used in French when future action is implied:

Il viendra **quand** vous **l'appellerez.**
   (He will come when you call him.)
Je serai content **lorsqu**'elle **arrivera.**
   (I'll be happy when she arrives.)
Je répondrai **aussitôt qu**'il **aura écrit.**
   (I'll answer as soon as he writes.)
Dès qu'il **sera arrivé,** j'irai le voir.
   (As soon as he has arrived, I'll go to see him.)
Je lui donnerai une réponse **après qu**'il **aura fini.**
   (I'll give him an answer after he has finished.)

When the future is not implied, the present, past, or other tenses may be used:

Il est triste **quand** il ne **réussit** pas.
   (He is sad when he does not succeed.)
Je lui ai donné la lettre **aussitôt qu**'il **est arrivé.**
   (I gave him the letter as soon as he arrived.)
Dès qu'on **eut déclaré** la guerre, il devint général.
   (As soon as they had declared war, he became a general.)

In this last sentence, note that the past anterior is preferred to the past perfect because it follows an expression of time, and the verb in the main clause is in the passé simple.

IV. The future of probability or possibility:

Jacques n'est pas venu. Il **sera** malade.
   (Jack hasn't come? He must be ill.)
Il est parti? Il **aura fini** tout le travail.
   (He has left? He must have finished all the work.)

V. **Le Futur Proche** (the near future)

To express a future action that is more imminent than called for by the regular future tense, the near future is often used, made up of the verb **aller** in the present tense plus an infinitive. This closely parallels the English construction:

Je **vais commencer** bientôt.	(I am going to begin soon.)
Il **va pleuvoir** aujourd'hui.	(It's going to rain today.)
Je ne **vais** pas **faire** cela.	(I am not going to do that.)

VI. **Le Passé Récent** (the immediate past)

To express an action that *has* just happened, use the *present tense* of the verb **venir,** plus the preposition **de** and the infinitive:

Elle **vient de** me **parler.**	(She has just spoken to me.)
Nous **venons d'écrire.**	(We have just written.)

Similarly, for an action that *had* just happened, use the *imperfect tense* of the verb **venir,** plus the preposition **de** and the infinitive:

Elle **venait de se coucher** quand le téléphone a sonné.
   (She had just gone to bed when the telephone rang.)
Ils **venaient de partir** quand il a commencé à neiger.
   (They had just left when it began to snow.)

VII. Sequence of tenses with <u>if</u> (Concordance des temps avec **si**)

When a French sentence has a clause beginning with **si** meaning *if*, there are three possible combinations of tenses:

1. If the verb in the main clause is in the *imperative*, the *present*, or the *future*, the *if clause* must be in the *present*:

   Appelez-moi si Jean **arrive.**
      (Call me if John arrives.)
   Je **suis** bien content si cela vous **fait** plaisir.
      (I am very glad if that pleases you.)
   Je **serai** prêt si vous **arrivez** vers dix heures.
      (I'll be ready if you come about ten o'clock.)

2. If the verb in the main clause is in the *conditional*, the *if clause* must be in the *imperfect*:

   Il **recevrait** plus de lettres s'il **écrivait** plus souvent.
      (He would receive more letters if he wrote more often.)
      (He would receive more letters if he were to write more often.)
      (He would receive more letters if he would write more often.)

Note that even when the English permits *if he wrote, if he were to write,* or *if he would write,* the French verb after *if* must be in the *imperfect*.

(A less common combination of tenses calls for the *present conditional* in the main clause, and the *past perfect* in the *if clause*):

   Je **serais** content s'il **était venu.**
      (I would be glad if he had come.)

3. If the verb in the main clause is in the *past conditional,* the *if clause* must be in the *past perfect:*

   Elle **aurait fini** si elle **avait eu** le temps.
      (She would have finished if she had had the time.)
   Je **serais tombé** s'il n'**avait** pas **été** là.
      (I would have fallen if he hadn't been there.)

Note that the letter *i* in French in dropped only in two cases, **s'il** and **s'ils**

When **si** can be translated by *whether,* the three preceding rules do not apply, and any logical tense can be used.

A Chart for the sequence of tenses with **si** follows:

If Clause	*Main Clause*
1. Present	1. Imperative, Present or Future
2. Imperfect	2. Conditional
3. Past Perfect	3. Past Conditional

No form of the future or conditional may ever be used in the **si** *clause when* **si** *can be translated by if only.*

EXERCISES ON LESSON VI

I. Explain the use of the past tenses in the following sentences:

1. Quand il **était** petit, il **allait** à la plage tous les jours. _____

2. Pendant qu'il **mangeait,** on **a sonné** à la porte. _____

3. Napoléon **naquit** en Corse; Voltaire **mourut** en 1778. _____

4. Hier soir il **est allé** à une surprise-partie. _____

5. Il **faisait** beau, et les enfants **jouaient** dans le parc. _____

6. Son père **était** médecin, et son oncle **était** homme d'état. _____

7. L'année passée ils **ont fait** bâtir une maison. _____

8. Richelieu **fut** le ministre de Louis XIII. _____

9. Je **pensais** à vous quand j'**ai reçu** votre lettre. _____

10. Elle s'**est couchée** parce qu'elle **était** fatiguée. _____

II. Translate the following sentences into French:

1. I have been here for an hour. _____
2. He had been speaking for ten minutes when I arrived. _____
3. How long will he stay in Rome? _____
4. How long have you been working? _____
5. How long did she study? _____
6. He has been living in this house for six months. _____
7. How long have you been living in Paris? _____
8. How long did he live in New York? _____
9. We had been reading for ten minutes when she called. _____

10. How long will he wait? _____

III. Fill in the blanks with the correct tense of the verb in parentheses:

1. Je lui dirai la nouvelle dès qu'il _____ (arriver).
2. S'il est absent, il _____ (must be) (être) malade.
3. Il était fatigué quand je lui _____ (parler).
4. Ils partiront aussitôt qu'ils _____ (finir).
5. Je dînerai avec vous lorsque vous me _____ (téléphoner).
6. Quand il _____ (neiger), nous faisons du ski.
7. Il ira mieux après que le docteur _____ (venir).
8. Je ne l'ai pas vu. Il _____ (must have come) (venir) avant sept heures.
9. Je leur ai répondu aussitôt que je les _____ (voir).
10. Elle sera plus gaie quand elle _____ (aller) au bal.

IV. Fill in the blanks with the correct tense of the verb in parentheses:

1. Je le ferai si vous _____ (vouloir).
2. Elle serait retournée s'il _____ (être) nécessaire.
3. Si vous saviez la leçon, vous _____ (répondre) bien.
4. Venez me voir si vous _____ (avoir) le temps.
5. Si j'avais le temps, j' _____ (aller) à Boston.
6. Il serait arrivé à l'heure s'il _____ (conduire) plus vite.
7. J'achèterais cette voiture si je _____ (gagner) plus d'argent.
8. Si j'avais compris, je _____ (sortir) tout de suite.
9. Je suis content si elle _____ (venir) me voir.
10. Nous travaillerions plus si la classe _____ (être) plus intéressante.

V. Translate into French:

1. He is going to leave. _____
2. We have just arrived. _____
3. He had just spoken when I arrived. _____
4. We are going to answer their letter. _____
5. They have just finished. _____
6. I'm going to sell the dress. _____
7. I had just punished the boy when you confessed (confesser). _____
8. Is she going to sing? _____
9. He is not going to play. _____
10. We have just seen your sister. _____

LESSON VII

AGREEMENT OF THE PAST PARTICIPLE (L'Accord du Participe Passé)

The past participle in French (see page 89) agrees in one of the following three ways:

1. **Avoir** verbs — The past participle agrees in number and gender with the preceding direct object, if there is one:

    Les chemises qu'elle a achet**ées** sont jolies.
      (The shirts that she bought are pretty.)
    Je les ai fini**s** hier.
      (I finished them yesterday.)

    The past participle of **avoir** verbs does not agree with 1) a preceding indirect object or 2) **en**:

    Nous leur avons **parlé**.   (We spoke to them.)
    Ils en ont **vu**.   (They saw some.)

2. **Être** verbs — The past participle agrees in number and gender with the subject: (For the list of **être** verbs, see page 92)

    Elle est sorti**e**.   (She went out.)
    Nous sommes venu**s**.   (We came.)
    Elles sont retourn**ées**.   (They returned.)

3. Reflexive verbs — Although all reflexive verbs are conjugated with **être**, the past participle of reflexive verbs agrees with a preceding direct object, if there is one. This is similar to the rule for the agreement of the past participle of **avoir** verbs:

    Elles se sont bross**ées**.   (They brushed themselves.)
    Nous nous sommes couch**és**.   (We went to bed.)
    Elle s'est lav**ée**.   (She washed herself.)
    Ils se sont habill**és**.   (They dressed themselves.)

    In the four preceding sentences, the reflexive pronoun is a direct object. Since it comes before the verb in every case, the past participle must agree with it. However, when there is another object in the sentence, the reflexive pronoun becomes indirect, and there is no agreement:

    Elles se sont brossé **les cheveux**.   (They brushed their hair.)
    Elle s'est lavé **les mains**.   (She washed her hands.)

    In these two examples, **les cheveux** and **les mains** are the direct objects. **Se**, and **s'** have become indirect objects. Since there is no direct object before the verb, there is no agreement.

EXERCISES ON LESSON VII

I. In the following sentences, make the past participles in parentheses agree if it is necessary:

1. Nous nous sommes (habillé _____), mais nous ne nous sommes pas (brossé _____) les dents. Marie s'est (lavé _____) la figure.

2. Il a (vu _____) ses amis, et je les ai (vu _____) aussi.

3. Ils leur ont (parlé _____) pendant longtemps; Ils les ont (invité _____) à un restaurant, mais ils sont (resté _____) à la maison.

4. Ils sont (retourné _____) à Chicago hier, et ils ne se sont pas (arrêté _____) à Philadelphie.

5. Nous avons (joué _____) au tennis avec des amis qui sont (parti _____) après une heure.

6. Elle s'est (réveillé _____) de bonne heure, mais ses parents étaient déjà (parti _____).

7. La viande que j'ai (mangé _____) n'était pas tendre.

8. Les jeunes filles que j'ai (regardé _____) ont (fini _____) leurs vacances en Europe.

LESSON VIII

REFLEXIVE VERBS (Le Verbe Pronominal)

A reflexive verb is one *whose action is done by the subject and to the subject.* In other words, the subject does and receives the action, as in the English: He washes himself.

Reflexive verbs are preceded (except in the affirmative imperative) by the reflexive pronoun, which agrees with the subject. The reflexive pronouns (see page 93) are **me, te, se, nous, vous, se.**

Note the position of the reflexive pronouns in the following sentencs:

Elles **s'**amusent au parc.	(They have fun in the park.)
Habillez-**vous** vite!	(Get dressed quickly.)
Ils **s'**étaient couchés.	(They had gone to bed.)
Nous ne **nous** serions pas arrêtés.	(We would not have stopped.)
Asseyons-**nous**!	(Let's sit down.)
Ne **vous** levez pas!	(Don't get up.)

It can be seen that the reflexive pronoun comes before the verb except in the affirmative imperative (sentences 2 and 5).

All reflexive verbs are conjugated with the auxiliary verb **être,** and in the compound tenses the past participle must agree with a preceding direct object. (See page 104, 3.)

As has been observed, the imperative drops the subject pronoun, but the reflexive pronoun remains:

Assieds-**toi**!	(Sit down!)
Asseyons-**nous**!	(Let's sit down!)
Asseyez-**vous**!	(Sit down!)
Ne **t'**assieds pas!	(Don't sit down!)
Ne **nous** asseyons pas!	(Let's not sit down!)
Ne **vous** asseyez pas!	(Don't sit down!)

As was seen on page 96, the reflexive pronouns precede the verb in the negative imperative, but follow in the affirmative imperative. **Te** or **t'** becomes **toi** in the affirmative imperative.

French has many more reflexive verbs in common use than English. The most common ones are:

s'amuser	to have a good time	se lever	to get up
s'appeler	to be named	se marier	to get married
s'arrêter	to stop	se passer	to happen
s'asseoir	to sit down	se plaindre	to complain
se blesser	to get hurt	se porter	to feel (health)
se brosser	to brush oneself	se promener	to take a walk
se coucher	to go to bed	se rappeler	to remember
se dépêcher	to hurry	se reposer	to rest
s'en aller	to go away	se réveiller	to awaken
s'endormir	to fall asleep	se sentir	to feel

s'ennuyer	to get bored	se souvenir de	to remember
se fâcher	to get angry	se taire	to be quiet
s'habiller	to get dressed	se tromper	to be mistaken
se laver	to get washed	se trouver	to be located

*The reflexive verb **se laver** is conjugated in full in the verb lists.*

EXERCISES ON LESSON VIII

I. Write the negative of the following sentences:

1. Arrête-toi! _____
2. Elle s'est habillée. _____
3. Levons-nous! _____
4. Ils s'asseyent. _____
5. Réveillez-vous! _____
6. Nous nous étions endormis. _____
7. Je me serais trompé. _____
8. Amusez-vous! _____
9. Elles se sont blessées. _____
10. Elle se couchera. _____

II. Translate into French:

1. We washed ourselves. _____
2. Get up! _____
3. She brushed her teeth. _____
4. Don't sit down! _____
5. I shall remember. _____
6. She got married. _____
7. We are hurrying. _____
8. I would have stopped. _____
9. Let's get dressed. _____
10. She got angry. _____

LESSON IX

SPELLING AND ACCENT CHANGES IN SOME *ER* VERBS

1. It has already been noted (pages 91) that **cer** and **ger** verbs sometimes require spelling changes to maintain the soft c or g of the infinitive. Before a or o (vowels which make a preceding c or g hard) a cedilla (¸) must be added under the c, and an e must be added after the g:

   a. Note where the cedilla is placed in the following:

Je commence	Je commençais
Tu commences	Tu commençais
Il commence	Il commençait
Nous commençons	Nous commencions
Vous commencez	Vous commenciez
Ils commencent	ils commençaient

   b. Note where an e is added in the following to soften the g before an a or an o:

Je mange	Je mangeais
Tu manges	Tu mangeais
Il mange	Il mangeait
Nous mangeons	Nous mangions
Vous mangez	Vous mangiez
Ils mangent	Ils mangeaient

2. The verb **appeler** (as well as **s'appeler, rappeler,** and **se rappeler**) must double the l before a mute e. This occurs in some forms of the present, and all through the future and conditional:

J'appelle	J'appellerai	J'appellerais
Tu appelles	Tu appelleras	Tu appellerais
Il appelle	Il appellera	Il appellerait
Nous appelons	Nous appellerons	Nous appellerions
Vous appelez	Vous appellerez	Vous appelleriez
Ils appellent	Ils appelleront	Ils appelleraient

3. The verb **jeter** (and **rejeter**) must double the t before a mute e:

Je jette	Je jetterai	Je jetterais
Tu jettes	Tu jetteras	Tu jetterais
Il jette	Il jettera	Il jetterait
Nous jetons	Nous jetterons	Nous jetterions
vous jetez	Vous jetterez	Vous jetteriez
Ils jettent	Ils jetteront	Ils jetteraient

4. Verbs ending in **uyer** (**ennuyer**) or **oyer** (**nettoyer, employer**) change the y to i before a mute e:

   a.
J'ennuie	J'ennuierai	J'ennuierais
Tu ennuies	Tu ennuieras	Tu ennuierais
Il ennuie	Il ennuiera	Il ennuierait
Nous ennuyons	Nous ennuierons	Nous ennuierions
Vous ennuyez	Vous ennuierez	Vous ennuieriez
Ils ennuient	Ils ennuieront	Ils ennuieraient

    b.   Je nettoie   Je nettoierai   Je nettoierais
        Tu nettoies   Tu nettoieras   Tu nettoierais
        Il nettoie   Il nettoiera   Il nettoierait
        Nous nettoyons   Nous nettoierons   Nous nettoierions
        Vous nettoyez   Vous nettoierez   Vous nettoieriez
        Ils nettoient   Ils nettoieront   Ils nettoieraient

5. Verbs ending in **ayer (payer, essayer)** may or may not change the y to i before a mute e. Therefore, two possible forms may be used, as the following:

    Il paie   (Il paye)   Tu paieras (Tu payeras)
    Ils paient (Ils payent)   Vous paierez (Vous payerez)

6. Verbs like **mener, acheter, lever** have a mute e in the syllable before the infinitive ending. These verbs must add a grave accent (`) over that e where there is a mute e in the next syllable:

    J'achète   J'achèterai   J'achèterais
    Tu achètes   Tu achèteras   Tu achèterais
    Il achète   Il achètera   Il achèterait
    Nous achetons   Nous achèterons   Nous achèterions
    Vous achetez   Vous achèterez   Vous achèteriez
    Ils achètent   Ils achèteront   Ils achèteraient

7. Verbs like **répéter, préférer, posséder,** and **espérer** have an é in the syllable before the infinitive ending. These verbs must change the é to è before a mute syllable. However, the future and the conditional retain the é:

    Je possède   Je posséderai   Je posséderais
    Tu possèdes   Tu posséderas   Tu posséderais
    Il possède   Il possédera   Il posséderait
    Nous possédons   Nous posséderons   Nous posséderions
    Vous possédez   Vous posséderez   Vous posséderiez
    Ils possèdent   Ils posséderont   Ils posséderaient

EXERCISES ON LESSON IX

I. Write the following verbs in the first person singular and the first person plural of 1) the present, 2) the future, and 3) the conditional. Study the example:

corriger

    Je corrige   Je corrigerai   Je corrigerais
    Nous corrigeons   Nous corrigerons   Nous corrigerions

1. préférer (to prefer) _____

2. manger (to eat) _____

3. acheter (to buy) _____

4. prononcer (to pronounce) _____

5. appeler (to call) _____

6. ennuyer (to bore) _____

7. employer (to use) _____

8. espérer (to hope) _____

9. mener (to lead) _____

10. payer (to pay) _____

11. jeter (to throw) _____

12. effacer (to erase) _____

13. arranger (to arrange) _____

14. rejeter (to reject) _____

15. plonger   (to dive) _____

II. Write the above verbs in the second person singular and the second person plural of the same three tenses.

1. _____
2. _____
3. _____
4. _____
5. _____
6. _____
7. _____
8. _____
9. _____
10. _____
11. _____
12. _____
13. _____
14. _____
15. _____

LESSON X

PREPOSITIONS AND INFINITIVES

1. **The preposition en.** As has already been noted (page 89) when a verb form follows the preposition **en,** that verb must be the present participle:

   En jouant, il s'est fait mal.
   (While playing, he hurt himself.)
   En écoutant bien, il a compris la leçon.
   (By listening well, he understood the lesson.)

   En is the only preposition in French which is followed by the present participle. When a verb follows any other preposition, that verb must be in the infinitive form.

2. **Après.** The preposition **après** is followed not by the present participle or a present infinitive, but by the past infinitive:

   Il était libre **après avoir fait** son travail.
   (He was free after doing his work.)
   Après être partie, elle ne voulait plus y retourner.
   (After leaving, she didn't want to go back there any more.)

   Note that the past infinitive is formed with the infinitive of the auxiliary verb **avoir** or **être** plus the past participle. *The past participle of être verbs agrees with the subject of the main clause.*

3. **The Complementary Infinitive.** This is an infinitive which complements or is the object of another verb which precedes it. Sometimes the preceding verb is followed by **à** before the infinitive, and sometimes it is followed by **de** before the infinitive.

   a. Verbs that take a direct infinitive (No preposition):

aimer mieux	(to prefer)	Il aime mieux revenir ce soir.
aller	(to go)	Il va commencer tout de suite.
compter	(to plan on)	Nous comptons partir demain.
désirer	(to desire)	Désirez-vous voir le palais?
devoir	(must)	Nous devons sortir à six heures.
entendre	(to hear)	J'ai entendu parler de lui.
envoyer	(to send)	Envoyez chercher le docteur.
espérer	(to hope)	J'espère réussir cette année.
faire	(to make)	Elle fait construire une maison.
falloir	(to be necessary)	Il faut écouter votre père.
laisser	(to leave)	Laissez-moi voir cela.
oser	(to dare)	Il n'ose pas répéter la phrase.

pouvoir	(to be able)	Je ne peux pas apprendre cela.
préférer	(to prefer)	Je préfère finir ce matin.
savoir	(to know)	Nous savons nager.
sembler	(to seem)	Elle semble vouloir accepter.
valoir mieux	(to be better)	Il vaut mieux attendre.
venir	(to come)	Venez jouer avec moi.
voir	(to see)	Je vous vois venir.
vouloir	(to wish)	Il veut faire tout cela.

b. Verbs that take the preposition **à** before the infinitive:

aider	(to help)	Il aide à nettoyer la chambre.
aimer	(to like)	J'aime à lire.
aimer may be used without a preposition;		J'aime lire.
apprendre	(to learn)	Elle apprend à coudre.
avoir	(to have)	J'ai deux leçons à faire.
chercher	(to seek)	Il cherche à savoir la vérité.
commencer	(to begin)	Il commence à neiger.
se décider	(to make up one's mind)	Il se décide à partir.
encourager	(to encourage)	Je l'encourage à finir l'école.
enseigner	(to teach)	Elle m'enseigne à tricoter.
s'intéresser	(to be interested)	Il s'intéresse à peindre.
inviter	(to invite)	Je l'ai invité à venir.
se mettre	(to begin)	Nous nous sommes mis à rire.
se préparer	(to prepare)	Nous nous préparons à partir.
réussir	(to succeed)	Il a réussi à convaincre son ami.
servir	(to serve)	Cela sert à expliquer la règle.

c. Verbs that take the preposition **de** before an infinitive:

achever	(to finish)	Il achève de préparer son discours.
s'arrêter	(to stop)	Ils se sont arrêtés de chanter.
avoir besoin	(to need)	Ils ont besoin de sentir cela.
avoir peur	(to be afraid)	J'ai peur d'arriver trop tard.
avoir l'intention	(to intend)	Elle a l'intention de venir.
cesser	(to cease)	Il a cessé de pleurer.
commander	(to command)	Il m'a commandé de m'arrêter.
conseiller	(to advise)	Je vous conseille de parler.

craindre	(to fear)	Je crains d'être le dernier.
décider	(to decide)	J'ai décidé d'accepter.
défendre	(to forbid)	Il me défend de fumer.
demander	(to ask)	Je vous demande de m'accompagner.
se dépêcher	(to hurry)	Nous nous dépêchons de rentrer.
dire	(to say)	Il m'a dit de confesser.
empêcher	(to prevent)	Ils m'ont empêché de sortir.
essayer	(to try)	Nous allons essayer d'obéir.
éviter	(to avoid)	Il évite de me regarder.
féliciter	(to congratulate)	Je vous félicite d'avoir obéi.
finir	(to finish)	Avez-vous fini de plaisanter?
se hâter	(to hurry)	Hâtez-vous de nous suivre?
manquer	(to fail)	Ils ont manqué de venir à temps.
ordonner	(to order)	Ils m'ont ordonné de me rendre.
oublier	(to forget)	J'ai oublié de lui téléphoner.
permettre	(to permit)	Je vous permets d'aller en voiture.
prier	(to request)	Il m'a prié d'oublier ses fautes.
promettre	(to promise)	Ils ont promis d'être sages.
refuser	(to refuse)	Je refuse de répondre.
regretter	(to regret)	Je regrette de vous déranger.
remercier	(to thank)	Je vous remercie d'avoir essayé.
se souvenir	(to remember)	Il se souvient d'avoir lu le roman.
tâcher	(to try)	Il a tâché de travailler chez moi.

A certain number of verbs may take either **à** or **de** before the infinitive. Of this group, the most important is the verb **continuer:**

Il continue **à** faire de son mieux. (He continues to do his best)
Il continue **de** faire de son mieux. (He continues to do his best.)

EXERCISES ON LESSON X

I. Fill in the blanks with the proper form of the verb in parentheses:

1. Elle s'est fait mal en _____ (tomber).
2. Après _____ (voir) son cousin, il est rentré.
3. J'ai pris un avion pour _____ (voyager) plus vite.
4. Après _____ (sortir) de son hôtel, elle a pris un taxi.
5. En _____ (se promener), il a remarqué le portefeuille par terre.
6. Il est parti sans _____ (regarder) la maison.
7. Elle est heureuse de _____ (trouver) une camarade.
8. L'appétit vient en _____ (manger).
9. Elle lui a fait visite après _____ (écrire).
10. Sommes-nous prêts à _____ (descendre)?

II. Fill in the blanks with the correct preposition if one is necessary:

1. Nous allons _____ commencer tout de suite.
2. Il veut _____ parler à Jean.
3. Ils apprennent _____ danser.
4. Il a cessé _____ neiger.
5. Vous avez essayé _____ revenir.
6. Elle réussira _____ traverser la frontière.
7. Il faut _____ commencer demain matin.
8. Avez-vous besoin _____ refaire les devoirs?
9. Je vous prie _____ m'accompagner.
10. Savez-vous _____ faire du ski?
11. Il avait commencé _____ pleuvoir.
12. Ils ont fait _____ bâtir un grand immeuble.
13. Elle a aidé sa mère _____ mettre le couvert.
14. Permettez-moi _____ vous dire une chose.
15. Avez-vous l'intention _____ continuer.
16. Continuez _____ travailler jusqu'à cinq heures.
17. Je dois _____ me coucher de bonne heure.
18. Elle refuse _____ m'aider.
19. J'ai peur _____ regarder la fin.
20. Ils aiment _____ se reposer.

LESSON XI

THE SUBJUNCTIVE (Le Subjonctif)

(Review the four tenses of the subjunctive and how they are formed (Pages 96-98) before studying the use of the subjunctive.)

As has been explained, the subjunctive is a mood of emotion, doubt and uncertainty. The subjunctive verb usually appears in a subordinate clause introduced by **que**.

Here are the main reasons for using the subjunctive:

1. After verbs and expressions of emotion:

    Je regrette que vous ayez fait cela.
    Il est content que vous compreniez.
    J'ai peur qu'il n'arrive trop tôt.
    Il craint que je sois fatigué.
    Elle est surprise qu'il fasse ce travail.
    Nous avons honte qu'elle soit paresseuse.
    Il est étonné que vous ne soyez pas d'accord.
    Elle est triste que nous partions.
    Je suis heureux que vous ayez reçu la lettre.

2. After certain impersonal expressions, unless they show certainty or probability:

    Il faut que vous soyez de retour avant six heures.
    Il est nécessaire qu'elle revienne.
    C'est dommage qu'il pleuve.
    Il est important que nous comprenions ce chapitre.
    Il vaut mieux que vous répondiez tout de suite.
    Il est possible qu'il m'écrive.
    Il est impossible qu'il ait fait ces fautes.
    Il se peut qu'elle arrive plus tard.
    Il est bon que vous lisiez cela.
    Il est essentiel que nous lui parlions maintenant.
    Il est temps qu'elle sache la vérité.

    The following impersonal expressions, which indicate certainty or probability, take the indicative unless they are negative or interrogative:

    Il est certain qu'il viendra.
      (**Il n'est pas certain qu'**il vienne.)
    Il est sûr que nous l'inviterons.
      (**Il n'est pas sûr que** nous l'invitions.)
    Il est vrai qu'elle est ici.
      (**Il n'est pas vrai qu'**elle soit ici.)
    Il est probable que nous vendrons la maison.
      (**Est-il probable** que nous vendions la maison?)
    Il est évident qu'il a le livre.
      (**Il n'est pas évident qu'**il ait le livre.)

3. After certain conjunctions:

Il m'a téléphoné **avant que** je sois sorti.	(before)
Il m'a salué **bien que** je ne le connaisse pas.	(although)
Elle est venue **quoiqu'**elle soit malade.	(although)
Il a fini cela **sans que** je l'aie su.	(without)
Je tiendrai l'échelle **de crainte qu'**il **ne** tombe.	(for fear that)
Elle sera à l'heure **de peur qu'**il **ne** parte seul.	(for fear that)
Je sonnerai **jusqu'à ce qu'**il réponde.	(until)
Il sera là **à moins qu'**il **ne** soit malade.	(unless)
Il finira **pourvu qu'**il ait le temps.	(provided that)
Nous le guiderons **pour qu'**il n'ait pas peur.	(so that)
Nous l'aiderons **afin qu'**il réussisse.	(so that)

A number of conjunctions do not take the subjunctive:

Il se couchera **aussitôt qu'**il arrivera.	(as soon as)
Je l'ai vu **dès qu'**il est arrivé.	(as soon as)
Je l'ai suivi **après qu'**il est parti.	(after)
Il mangeait **pendant que** je buvais.	(while)
Il pleure **parce qu'**il est malheureux.	(because)

Three of the conjunctions that take the subjunctive, and some not listed above, add an expletive **ne** before the verb. This does not make the sentence negative, and the **ne** is not translated into English: **de crainte que...ne, de peur que...ne, à moins que...ne.**

4. After expressions of doubt, and the verbs **croire, penser, espérer,** and **trouver** when they are negative or interrogative:

Je doute qu'il vienne.
Espérez-vous qu'elle réussisse?
Je ne pense pas qu'il l'ait fait.
Elle ne trouve pas que je sois méchant.
Croyez-vous que nous fumions?

When the doubt is not present, the indicative is used, not the subjunctive:

Je ne doute pas qu'il viendra.
Je trouve qu'elle est jolie.
Elle croit que je suis prêt.

When the introductory verb is both negative and interrogative, the indicative is usually used:

Ne croyez-vous pas qu'elle viendra?
N'espérons-nous pas que la guerre finira bientôt?
Ne trouve-t-il pas qu'elle est jolie?
Ne pensez-vous pas qu'il a été assez puni?

5. After expressions of **desire, willingness,** or **command:**

Il veut que je parte.
Désirez-vous qu'il fasse ces devoirs?
Elle préfère que nous restions à la maison.

Il ordonne que les prisonniers soient tués.
Il demande qu'on lui écrive.
Je défends que vous le voyiez.
Il souhaite que nous arrivions de bonne heure.
Il aime que nous finissions ce matin.

6. After a superlative idea, and **le premier, le dernier, le seul, l'unique:**

   C'est la plus belle expérience qu'il ait jamais eue.
   C'est la première fois qu'ils soient venus.
   C'est l'unique représentation qu'on ait donnée.
   C'est le seul cousin que je connaisse bien.
   C'est le meilleur avion qu'on ait jamais construit.
   C'est la dernière fois qu'il en ait parlé.

7. When the antecedent of the relative clause is indefinite:

   Il cherche une bonne qui puisse faire tout ce travail.
   Connaissez-vous un jeune homme qui conduise bien?

   When the antecedent is definite, the subjunctive is not used:

   Il a trouvé une bonne qui peut faire tout ce travail.
   Je connais un jeune homme qui conduit bien.

8. When there is general negation:

   Il n'y a personne qui soit gentil ici.
   Je ne sais rien qui puisse vous aider.

9. In the main clause, after an expression of emotion, desire, patriotism, with or without **que:**

   Vive la France!
   Qu'il le fasse tout de suite!
   Qu'il soit béni!

   When there is no change of subject in the relative clause, the infinitive is usually preferred to the subjunctive:

   Il est content d'être ici is preferred to **Il est content qu'il soit ici.** Here the subject of both clauses is the same.

   But: **Il est content que vous soyez ici.** The subjunctive must be used after this expression of emotion because the subject of both clauses is not the same.

   With **il faut que** and **il est nécessaire que,** the subjunctive is sometimes avoided by an indirect object construction:

       Il faut qu'il fasse cela.   Il **lui** faut faire cela.

Sequence of Tenses in the Subjunctive

There are four tenses in the Subjunctive Mood (pages 96-98): 1) the present 2) the past 3) the imperfect 4) the pluperfect. The last two are used only in literary writing now, very rarely in conversation or informal writing. However, they should be well understood and recognized because of their importance in literature.

The present subjunctive is used when the action in the relative clause is taking place or will take place:

Elle est content que nous **fassions** cela.
  (She is glad that we are doing that.)

        or

  (She is glad that we will do that.)

The past subjunctive (also called present perfect subjunctive) is used when the action in the relative clause has taken place:

Elle est contente que nous **ayons fait** cela.
  (She is glad that we did that.)

The past subjunctive is used if the action in the relative clause happened before the action in the main clause:

Il était content que j'**aie fait** cela.
  (He was glad that I had done that.)

EXERCISES ON LESSON XI

I. Write the first person singular and the first person plural of the following verbs, in the present and past subjunctive. Study the example, and consult pages 96-98 and the verb lists:

    jouer   que je joue   que j'aie joué
                     que nous jouions   que nous ayons joué

1. avoir   11. venir   21. tenir

2. être   12. devoir   22. commencer

3. lire   13. répondre   23. pouvoir

4. mettre   14. boire   24. dire

5. prendre   15. aller   25. se lever

6. parler   16. vendre   26. croire

7. entendre   17. vouloir   27. payer

8. choisir   18. préférer   28. oublier

9. faire   19. réussir   29. mourir

10. savoir   20. manger   30. connaître

II. Rewrite the following sentences, beginning each one with **Il faut que:**

1. Elle sera à la gare avant midi. _____
2. Je fais mon travail dans ma chambre. _____
3. Nous répondons à votre lettre. _____
4. Elle suit cette route. _____
5. Ils iront à la bibliothèque. _____
6. Nous buvons du café. _____
7. Je viens à six heures. _____
8. Il choisit un excellent roman. _____
9. Elle tient la main de son petit frère. _____
10. Ils prennent le train de midi. _____

III. In the following sentences, fill in the blanks with the correct form of the verb in parentheses:

1. Il est certain que nous _____ (finir) cet après-midi.
2. C'est la plus belle dame qu'il _____ (voir).
3. Il craint que nous ne _____ (être) trop fatigués.
4. Il est temps que nous _____ (partir).
5. Elle est heureuse que vous _____ (venir) hier.
6. Je cherche un chauffeur qui _____ (conduire) bien.
7. Je crois qu'il _____ (écrire) bientôt.
8. J'ai téléphoné pour que vous ne _____ (être) pas inquiets.
9. Je ne pense pas qu'il _____ (comprendre) le travail.
10. _____ (Vivre) le roi!

11. Nous ferons une promenade à moins qu'il ne _____ (pleuvoir).
12. Nous voulons qu'il _____ (répondre) aujourd'hui.
13. Aussitôt qu'il _____ (arriver), je l'embrasserai.
14. Ils aiment que tout _____ (finir) bien.
15. Ils doutent que nous _____ (pouvoir) partir.
16. Nous sommes certains qu'il _____ (faire) ce bruit.
17. Il est parti sans que je le _____ (savoir).
18. Je regrette qu'elle _____ (dire) cela hier.
19. Il n'a pas pleuré bien qu'il _____ (être) triste.
20. J'ai honte qu'elles _____ (refuser) de faire leur travail la semaine passée.

IV. Rewrite the following sentences, using an infinitive construction instead of the subjunctive:

1. Etes-vous content que vous ayez ce cadeau? _____

2. Je ne crois pas que je puisse venir. _____

3. Elle n'est pas sûre qu'elle réussisse tout de suite. _____

V. In the following sentences, change the verb in the relative clause from the present to the past subjunctive:

1. Je regrette que son frère ne vienne pas. _____

2. C'est la seule jeune fille qui sache faire du ski. _____

3. Je crains qu'elle ne tombe dans la neige. _____

4. Je ne pense pas que vous appreniez beaucoup en classe. _____

5. C'est dommage que vous soyez malade. _____

LESSON XII

THE PASSIVE VOICE (Le Passif)

French verbs, like English verbs, are classified under two voices, the active and the passive. The passive voice, which is used less in French than in English, is made up of a form of the verb **être** plus the past participle of the main verb:

Le château **a été construit**.	(The castle was constructed.)
La révolution **fut commencée**.	(The revolution was begun.)
Le repas **est préparé** par Jeanne.	(The meal is prepared by Jean.)
La porte **sera fermée** par la concierge.	(The door will be closed by the concierge.)
L'espagnol **est parlé** au Mexique.	(Spanish is spoken in Mexico.)

The passive voice is avoided in French by two alternative constructions:

1. The use of the indefinite pronoun **on**.

    L'espagnol **est parlé** dans ce pays.
    becomes **On parle** espagnol dans ce pays.

    Les timbres **sont vendus** au bureau de tabac.
    becomes **On vend** les timbres au bureau de tabac.

2. A reflexive verb.

    Les devoirs **sont faits** à la maison.
    becomes Les devoirs **se font** à la maison.

    La maison **a été achevée** sans difficulté.
    becomes La maison **s'est achevée** sans difficulté.

SUPPLEMENTARY EXERCISES: VERBS

LESSON VI

I. Fill in the blanks with the correct form of the verb in parentheses:

1. Je le comprendrais s'il _____ (parler) clairement.

2. Aussitôt qu'il _____ (finir) ce travail, je lui demanderai de m'accompagner.

3. Je resterais à la maison si j' _____ (avoir) mal à la gorge.

4. Lorsque la classe se termine, nous _____ (rentrer) à la maison.

5. Ne finissez pas les devoirs si vous _____ (être) trop fatigué.

6. Il me payera lundi s'il _____ (recevoir) son argent.

7. Elle serait allée au bal si elle _____ (acheter) cette belle robe.

8. Dès que mes amis _____ (revenir), nous nous mettrons en route.

9. Si elle vient à mon village, elle me _____ (téléphoner) toujours.

10. J'allais lui faire visite tous les jours quand il _____ (être) malade.

11. Nous ne partirons pas s'il _____ (faire) du brouillard.

12. Elle aurait peur s'il y _____ (avoir) une tempête.

13. Nous aurions lu ce livre si nous _____ (pouvoir) l'obtenir.

14. Elle l'a salué aussitôt qu'il _____ (entrer)

15. Après qu'il _____ (apprendre) les résultats, il sera moins inquiet.

II. Rewrite the following sentences in French, translating the English words in parentheses:

1. _____ (How long) sera-t-il en France?

2. _____ (How long) est-elle chez vous?

3. _____ (How long) êtes-vous resté au Caire?

4. Elle _____ (had just left) quand le guide est venu la chercher.

5. Il _____ (is going to rain) demain.

6. Il est assis sur cette chaise _____ (for a half-hour).

7. Nous _____ (have just found) la réponse.

8. Elle _____ (had been reading) depuis une heure quand la cloche a sonné.

9. _____ (How long) attendait-il quand le train est entré en gare?

10. Vous _____ (had just answered) à ma question quand le professeur est arrivé.

III. Explain the use of the past tense in each of the following sentences:

1. Louis XIV **vécut** au dix-septième siècle. _____

2. Elle **était** fatiguée après la promenade. _____

3. Elle **a perdu** son sac hier soir. _____

4. Je **jouais** tous les jours avec ma cousine. _____

5. Nous **avons acheté** un billet pour Rome. _____

6. La maison **était** décorée de mille fleurs. _____

7. Les trois mousquetaires **arrivèrent** juste à temps. _____

8. Il **se promenait** dans le parc quand je l'**ai vu.** _____

9. Elle **semblait** très inquiète. _____

10. Elle **est partie** pour Londres. _____

LESSON VII

I. Make the past participle agree in the following sentences <u>where necessary</u>:

1. La dame qu'il a vu _____ a pris _____ deux billets pour Rome.
2. Après s'être levé _____, elle s'est lavé _____ la figure, et elle s'est brossé _____ les dents.
3. Nous leur avons répondu _____ que Jeanne était parti _____ à midi.
4. Nous avons commencé _____ à manger les fraises que nous avions cueilli _____ .
5. Les deux soeurs se sont marié _____ en juin, et avec leurs maris elles ont fait _____ un voyage de noces au Canada.
6. Elle s'est blessé _____ mais elle n'a pas voulu _____ faire venir le docteur.
7. Les tableaux qu'il a peint _____ étaient plus intéressants que ceux que vous avez trouvé _____ .
8. Il s'est fâché _____ quand il a appris _____ la vérité.
9. La bière qu'elle a servi _____ était tiède.
10. Avez-vous reçu _____ la lettre que j'ai écrit _____ ?
11. Elle a mis _____ la robe que sa soeur a cousu _____ .
12. Nous lui avons parlé _____ de la boîte que nous avons trouvé _____ .
13. Après avoir fini _____ le dîner, elle a décidé _____ de faire une petite promenade.
14. Les poèmes qu'elle a récité _____ étaient ceux que vous avez lu _____ hier.
15. Elles se sont lavé _____ les cheveux, et puis elles sont sorti _____ avec leurs amis.
16. Nous sommes allé _____ en Europe en juin, et nous sommes revenu _____ en août.
17. Elle est devenu _____ très malheureuse quand vous l'avez quitté _____ .

LESSON VIII

I. Translate into French:

1. I remember; I remembered. _____
2. We get angry; we will get angry. _____
3. Wash yourself; let's get washed. _____
4. She is resting; she had rested. _____
5. They complain; they complained. _____
6. She has a good time; she had a good time. _____
_____
7. Be quiet; let's be quiet. _____
8. He gets bored; he will get bored. _____
9. They take a walk; they would take a walk. _____
_____
10. He gets up; he was getting up. _____

II. Write the following sentences in the negative:

1. Couchez-vous! _____
2. Ils se seraient réveillés. _____
3. Elle se portait bien. _____
4. Elles se sont assises. _____
5. Nous nous sentions mal à l'aise. _____
6. Elles s'étaient plaintes des courants d'air. _____
7. Asseyons-nous! _____
8. Ils se sont tus. _____
9. Il se trouvait au milieu de la place. _____
10. Je me suis endormi. _____

LESSON IX

I. Write the correct forms of the following verbs, according to the example:

	Present	**Conditional**
corriger	nous corrigeons	elle corrigerait
	Present	**Conditional**
1. employer	ils _____	vous _____

2. appeler   tu _____   ils _____

3. prononcer   nous _____   je _____

4. jeter   je _____   elle _____

5. manger   il _____   nous _____

6. essayer   vous _____   il _____

7. ennuyer   elle _____   nous _____

8. lever   je _____   tu _____

9. s'appeler   je _____   ils _____

10. nettoyer   elle _____   il _____

                    Imperfect   **Future**

11. commencer   je _____   elles _____

12. manger   ils _____   nous _____

13. rejeter   je _____   vous _____

14. acheter   tu _____   nous _____

15. se promener je _____   elle _____

16. préférer   elle _____   je _____

17. placer   ils _____   nous _____

18. nager   je _____   elles _____

19. espérer   nous _____   tu _____

20. rappeler   je _____   elle _____

127

		Present	**Future**
21.	mener	tu	tu
22.	répéter	je	ils
23.	prononcer	nous	vous
24.	essuyer	elle	il
25.	achever	ils	elles

LESSON X

I. Fill in the blanks with the correct form of the verb in parentheses:

1. Elle a fini par _____ (réussir).
2. En _____ (se promener), il a rencontré un ami.
3. Après _____ (entendre) la nouvelle, il est retourné chez lui.
4. Pour _____ (comprendre) les résultats de l'expérience, il faut étudier la chimie.
5. Je suis content de _____ (savoir) cela.
6. Après _____ (remercier) son hôte, il est parti.
7. Au lieu de _____ (téléphoner), il a décidé d'envoyer un télégramme.
8. Il m'a invité à _____ (parler) à sa classe.
9. En _____ (lire) son roman, il s'est endormi.
10. Après _____ (se laver) les mains, elle s'est assise avec les autres.

II. Fill in the blanks with the correct preposition if one is necessary:

1. Elle se dépêche _____ rentrer à la maison.
2. Il faut _____ lui répondre immédiatement.
3. Nous allons _____ partir lundi matin.
4. Jean s'intéresse _____ faire son droit.
5. Elle n'a pas réussi _____ me convaincre.
6. Pouvez-vous _____ l'aider?
7. Je tâche _____ l'interrompre.
8. Le président lui ordonne _____ revenir.
9. Il me conseille _____ apprendre le latin.
10. Je n'ose pas _____ demander mon argent.

11. La foule a commencé _____ se disperser.
12. Elle a peur _____ voyager en avion.
13. Je l'empêcherai _____ prendre la parole.
14. Ils nous disent _____ rester encore une heure.
15. Elle m'a encouragé _____ continuer.
16. J'espère _____ vous revoir bientôt.
17. Tout le monde se préparait _____ partir.
18. A-t-il oublié _____ obtenir un passeport?
19. Il vous enseignera _____ piloter un avion.
20. Je vous prie _____ continuer.
21. Nous regrettons _____ lui dire la nouvelle.
22. Je compte _____ recommencer à deux heures.
23. Tu ne peux pas _____ comprendre cela.
24. Elle cherche _____ réussir dans la vie.
25. Il n'a pas cessé _____ pleuvoir.

LESSON XI

I. Write the subjunctive forms of the following verbs:

		Present	**Past**
1.	savoir	qu'elle	que nous
2.	être	que je	qu'ils
3.	faire	que vous	que j'
4.	mourir	qu'il	qu'elle
5.	boire	qu'ils	que nous
6.	s'appeler	que je	que vous
7.	pouvoir	que tu	qu'elle
8.	chanter	que nous	que tu
9.	avoir	qu'il	que vous

10.	apprendre	que j'_____	qu'ils_____
11.	recevoir	qu'elle_____	que vous_____
12.	choisir	que je_____	qu'il_____
13.	venir	qu'il_____	qu'ils_____
14.	voir	que nous_____	que j'_____
15.	aller	qu'il_____	qu'elles_____
16.	rendre	qu'ils_____	que vous_____
17.	croire	qu'elle_____	que tu_____
18.	envoyer	qu'il_____	que vous_____
19.	vouloir	que je_____	que nous_____
20.	devoir	que tu_____	que j'_____
21.	manger	que tu_____	qu'ils_____
22.	sortir	que vous_____	que je_____
23.	répéter	que je_____	que vous_____
24.	oublier	que nous_____	que nous_____
25.	paraître	que je_____	que tu_____

II. Rewrite the following sentences, beginning each with **il est possible**:

1. Ell est plus âgée que vous. _____
2. Vous savez la réponse. _____
3. Nous allons en France. _____
4. Ils parlent anglais. _____

5. Vous étudiez trop. _____
6. Il veut du café. _____
7. Elle a un rhume. _____
8. Ils font du bruit. _____
9. Il doit sortir. _____
10. Elle viendra tard. _____

III. Fill in the blanks with the correct form of the verb in parentheses:

1. J'ai peur qu'il ne _____ (venir) trop souvent.
2. Je le verrai aussitôt qu'il _____ (arriver).
3. C'est la meilleure pièce qu'elle _____ (lire).
4. Il est important que vous _____ (répondre) tout de suite.
5. Il est probable qu'elle _____ (connaître) cette ville.
6. Il n'y a rien qui _____ (pouvoir) changer mon opinion.
7. Je suis sûr qu'il _____ (comprendre) vos raisons.
8. Je doute qu'il _____ (envoyer) le paquet hier.
9. Pendant qu'il _____ (dormir), tout le monde l'a quitté.
10. Elle préfère que nous _____ (rentrer) de bonne heure.
11. Je n'aime pas la pièce bien qu'elle _____ (être) amusante.
12. Je suis content que le professeur _____ (punir) le jeune homme.
13. Nous cherchons un chauffeur qui _____ (conduire) sagement.
14. Je ne crois pas qu'elle _____ (vouloir) nous accompagner.
15. Ne trouvez-vous pas qu'il _____ (apprendre) vite?
16. Je crains que nous _____ (oublier) la partie la plus importante.
17. Ile se peut qu'elle nous _____ (dire) les résultats ce soir.
18. J'ai trouvé une chambre qui _____ (être) confortable.
19. Est-il vrai que vos parents _____ (revenir) il y a un mois?
20. Nous irons à la plage à moins qu'il ne _____ (faire) trop frais.

IV. Rewrite the following sentences, using an infinitive construction instead of the subjunctive:

1. Il faut qu'il aille au musée. _____
2. J'ai peur que je ne sois trop fatigué. _____
3. Il regrette qu'il soit trop malade pour nous accompagner. _____
  _____
4. Nous sommes contents que nous ayons fini nos devoirs. _____
  _____
5. Il faut que nous répétions la réponse. _____
  _____

PART III: IDIOMATIC EXPRESSIONS

The following expressions, presented in a roughly alphabetical order, are commonly used in spoken and written French. It is essential that all students learn and remember them.

1. **à bas!** — down with!
   A bas le tyran!

2. **à bras ouverts** — with open arms
   Il sera reçu à bras ouverts.

3. **à cause de** — because of (preposition)
   A cause de sa maladie, il est resté à la maison.

4. **à cheval** — on horseback
   Nous aimons faire des promenades à cheval.

5. **à côté de** — next to, beside
   Asseyez-vous à côté de moi.

6. **à demain** — until tomorrow, see you tomorrow
   Quand il quitte ses camarades, il dit toujours: A demain!

7. **à deux pas** — a few steps away
   Sa maison est à deux pas d'ici.

8. **à discrétion** — free, all you want
   Dans les restaurants français, on donne le pain à discrétion.

9. **à droite** — to the right
   Prenez le premier chemin à droite.

10. **à fond** — thoroughly
    Il connaît à fond la littérature anglaise.

11. **à force de** — by dint of, as a result of
    A force de travailler jour et nuit, il a pu réaliser ses rêves.

12. **à gauche** — to the left
    Sa chambre se trouve à gauche du corridor.

13. **à genoux** — on one's knees
    Le garçon était à genoux devant l'autel.

14. **s'agir de** — to be a matter of, to be a question of
    Il s'agit de savoir pourquoi il est parti.

15. **à haute voix** — aloud
    Il parle toujours à haute voix parce que son oncle est sourd.

16. **à voix haute** — in a loud voice
    Pour améliorer votre prononciation, lisez la leçon à voix haute.

17. **ainsi de suite** — and so forth
    Il s'intéresse à la politique, aux finances, et ainsi de suite.

18. **à la belle étoile** — under the stars
    Les campeurs ont dormi à la belle étoile.

19. **A la bonne heure!** — Wonderful!
    Vous allez nous accompagner? A la bonne heure!

20. **à la campagne** — in the country
    Il cherche une petite maison coquette à la campagne.

21. **à la fois** — at the same time
    Il est difficile de faire deux choses à la fois.

22. **à la maison** — at home
    Mes parents ne sont pas à la maison aujourd'hui.

23. **à l'américaine** — in the American way
    Elle prépare ses repas à l'américaine.
        (Similarly: à la française, à l'espagnole, etc.)

24. **à la mode** — in style
    Ces chapeaux ne sont plus à la mode.

25. **à la page** — on page
    La nouvelle leçon se trouve à la page vingt-cinq.

26. **à l'heure** — on time
    C'est un élève qui est toujours à l'heure.

27. **aller à** — to fit
    La robe bleue lui va à merveille.

28. **aller au-devant de** — to go and meet
    J'irai au-devant de ma tante à la gare.

29. **aller bien (se porter bien)** — to be well
    Il m'a téléphoné pour me dire qu'il ne va pas très bien.

30. **aller chercher** — to go for
    Le gamin est allé chercher ses camarades.

31. **aller et retour** — round trip
    Demandez les billets aller et retour.

32. **à partir de** — from...on
    Ils seront de retour à partir de samedi prochain.

33. **à peine** — hardly
    Elle a à peine treize ans.

34. **à peu près** — approximately
    Il nous reste à peu près une heure.

35. **à pied** — on foot
    Nous y sommes allés à pied.

36. **à plusieurs reprises** — repeatedly
    Il a recommencé à plusieurs reprises.

37. **apprendre par coeur** — to learn by heart
    Il fallait apprendre le poème par coeur.

38. **s'apprêter à** — to get ready to
    Nous nous apprêtons à partir cet après-midi.

39. **s'approcher de** — to approach
    Un jeune monsieur s'est approché de moi.

40. **à propos de** — concerning
    Qu'est-ce qu'il a fait à propos de cette affaire?

41. **à présent** — now (**actuellement, au moment actuel**)
    Il est en Amérique à présent.

42. **à quoi bon?** — what's the use?
    A quoi bon essayer de le lui expliquer? Il n'écoutera pas.

43. **arriver sain et sauf** — to arrive safe and sound
    Tous sont arrivés sains et saufs.

44. **à son insu** — without his knowing
    Je l'ai achevé à son insu.

45. **à temps** — in time
    Le docteur est arrivé à temps pour sauver l'enfant.

46. **assister à** — to attend
    J'assisterai au concert si vous m'accompagnez.

47. **à tout prix** — at any price
    Il veut toujours gagner à tout prix.

48. **s'attendre à** — to expect
    Je m'attendais à cette réaction violente.

49. **au bout de** — at the end of
    Au bout d'une heure, il était très fatigué.

50. **au delà de** — beyond
    Il n'a jamais voyagé au delà de la frontière.

51. **au feu!** — fire!

52. **au fond (dans le fond)** — basically
    Au fond, ce qu'il dit est juste.

53. **au fur et à mesure** — as
    Il paie les factures au fur et à mesure qu'il reçoit les marchandises.

54. **au hasard** — at random
    Il a choisi un cadeau au hasard.

55. **au haut de** — on top of
    La leçon commence au haut de la page.
    (also: **au milieu de** — in the middle of; **au bas de** — at the bottom of)

56. **au jour le jour** — from day to day, from hand to mouth
    Mes voisins semblent vivre au jour le jour.

57. **au lieu de** — instead of
    Il dort au lieu de travailler.

58. **au plus vite** — as quickly as possible
    Dites-lui de venir ici au plus vite.

59. **au printemps** — in the spring
    Le baseball commence au printemps.
    (also: **en automne** — in the autumn; **en été** — in the summer; **en hiver** — in the winter)

60. **au revoir** — good-bye for now; see you again

61. **Aussitôt dit, aussitôt fait** — No sooner said than done.

62. **au verso** — on the back
    Toutes les réponses se trouvent au verso.

63. **au voleur!** — Stop thief!

64. **aux yeux bleus** — with blue eyes
 La jeune fille aux yeux bleus est sa soeur.
 (also: **aux cheveux bruns** — with brown hair, etc.)

65. **avancer** — to be fast
 Ma montre avance de dix minutes.

66. **avoir affaire à** — to have to do with
 S'il n'est pas reçu, il aura affaire à son père.

67. **avoir beau (être en vain, être inutile)** — to be in vain
 J'ai beau leur parler; ils ne changeront pas d'avis.

68. **avoir besoin de** — to need
 Il a besoin d'un cahier et d'une plume.

69. **avoir de la chance (avoir de la veine)** — to be lucky
 Vous avez de la chance de trouver un ami fidèle.

70. **avoir de quoi** — to have the means, the wherewithal
 Avez-vous de quoi écrire?

71. **avoir envie de** — to want
 J'ai envie de faire la connaissance de cette jeune fille.

72. **avoir faim** — to be hungry
 Il a toujours faim à cinq heures.
 (also: **avoir soif** — to be thirsty   **avoir chaud** — to be warm
   avoir froid — to be cold   **avoir sommeil** — to be sleepy
   avoir raison — to be right   **avoir tort** — to be wrong
   avoir peur — to be afraid   **avoir honte** — to be ashamed

73. **avoir l'air** — to look, seem
 Vous avez l'air découragé.

74. **avoir la parole** — to have the floor
 Vous aurez la parole quand j'aurai fini de parler.

75. **avoir le choix** — to have the choice
 Il vous faut partir tout de suite; vous n'avez pas le choix.

76. **avoir lieu** — to take place
 Le mariage a eu lieu samedi dernier.

77. **avoir l'intention** — to intend
 Il a l'intention de voyager dans le sud.

78. **avoir l'occasion** — to have the opportunity
 J'ai eu l'occasion de lui parler récemment.

79. **avoir mal à** — to hurt
 Il a mal à la tête ou mal à la gorge.

80. **à voix basse** — in a low voice
 Ils parlent à voix basse parce que les enfants sont couchés.

81. **à vrai dire** — to tell the truth
 A vrai dire, je ne comprends pas la moitié de ce qu'il dit.

82. **battre son plein** — to be at its height
 A minuit, la fête bat son plein.

83. **bien des choses** — fond regards
 Vous lui direz bien des choses de ma part.

84. **bien entendu (bien sûr)** — of course
    Bien entendu, il a signé le contrat.
85. **boire dans un verre** — to drink out of a glass
    Le bébé a enfin appris à boire dans un verre.
86. **bon marché** — cheap, inexpensive
    Il a acheté ces souliers parce qu'ils sont bon marché.
       (also: **meilleur marché** — cheaper, less expensive)
87. **bredouille** — emptyhanded
    Je suis allé à la pêche, et je suis revenu bredouille.
88. **se casser la jambe** — to break one's leg
    Il s'est cassé la jambe pendant le match.
89. **Cela m'est égal** — That doesn't matter to me.
90. **Cela ne fait rien** — That doesn't matter.
91. **c'est-à-dire** — that is to say
    Il est rentré à minuit, c'est-à-dire très tard.
92. **c'est dommage** — it's too bad
    C'est dommage qu'elle soit souffrante.
93. **changer d'avis** — to change one's mind
    On dit que les femmes changent d'avis plus souvent que les hommes.
94. **chemin faisant** — on the way
    Chemin faisant, ils ont vu une vieille grange.
95. **un cordon bleu** — a first rate chef
    Celui qui a préparé ce dîner est un vrai cordon bleu.
96. **le coup de grâce** — the finishing blow
    Après tous ses ennuis, cette nouvelle sera le coup de grâce pour le pauvre homme.
97. **un coup de pied** — kick
    L'âne donne un coup de pied formidable.
98. **un coup de tonnerre** — a clap of thunder
    Ce coup de tonnerre lui a fait peur.
99. **le courant d'air** — a draft
    Dans cette vieille maison, il y a beaucoup de courants d'air.
100. **coûte que coûte** — at any price
    Il faut réussir coûte que coûte.
101. **croire que oui** — to believe so
    Il prétend que non, mais moi, je crois que oui.
       (also: **croire que non** — to believe not)
102. **d'ailleurs** — moreover, besides
    D'ailleurs, c'est un homme qui ne change jamais d'avis.
103. **d'abord** — at first
    D'abord, il nous a expliqué ses raisons.
104. **d'accord** — agreed
    Les deux dames sont d'accord.
105. **d'aujourd'hui en huit** — a week from today
    Il reviendra d'aujourd'hui en huit.
       (also: **d'aujourd'hui en quinze** — two weeks from today
              de demain en huit — a week from tomorrow
              de demain en quinze — two weeks from tomorrow

106. **se débarrasser de** — to get rid of
Comment pouvons-nous nous débarrasser des rats dans la cave?

107. **débarrasser la table** — to clear the table
Marie a débarrassé la table après le dîner.

108. **de bonne heure** — early
Essayez d'arriver de bonne heure.

109. **se débrouiller** — to get along
Après deux années de français, il se débrouille bien.

110. **de français** — French
Notre classe de français étudie la littérature.
(This is a class where French is studied, as compared to **une classe française,** one made up of French people.)

111. **de la part de** — on behalf of
Il vient de la part de votre oncle.

112. **de mal en pis** — from bad to worse
Ses affaires vont de mal en pis.

113. **de mieux en mieux** — better and better
Je comprends de mieux en mieux.

114. **Défense de fumer** — No smoking.
(also: **Défense d'entrer** — No entry)

115. **de l'autre côté** — on the other side
Il était assis de l'autre côté de la salle d'attente.

116. **de loin** — from afar
Il m'a aperçu de loin.
(also: **de près** — nearby)

117. **se demander** — to wonder
Je me demande ce qu'il va me demander de faire maintenant.

118. **de ma part** — on my behalf
Il a salué ses parents de ma part.

119. **de nouveau (encore une fois)** — again
De nouveau, il a appelé de toutes ses forces.

120. **de parti pris** — deliberately, with prejudice
Il a fait cette décision de parti pris.

121. **de plus belle** — louder than ever
La musique commença à jouer de plus belle.

122. **de plus en plus** — more and more
Le père se met de plus en plus en colère.

123. **de rigueur** — indispensable, required
Le costume de soirée sera de rigueur.

124. **dernier cri** — latest fashion
Elle portait une robe dernier cri.

125. **dès que (aussitôt que)** — as soon as
Il nous téléphonera dès que le train s'arrêtera.

126. **descendre à un hôtel** — to stop at a hotel
A quel hôtel êtes-vous descendu pendant votre séjour à Paris?

127. **au-dessus de** — above
   L'avion a volé au-dessus de notre maison.
      (also: **au-dessous de** — below)

128. **de temps en temps (de temps à autre)** — from time to time
   Elle nous fait visite de temps en temps.

129. **devoir** — to owe, must (very idiomatic in this second meaning)
   Present: **Je dois** y aller — I must go there; I am to go there.
   Imperfect: **Je devais** y aller — I had to go there; I was to go there
   Conditional: Je **devrais** y aller — I should (ought to) go there;
   Past Indefinite: J'**ai dû** y aller — I had to go there; I must have gone there
   Past Conditional: J'**aurais dû** y aller — I should have (ought to have) gone there

130. **se diriger vers** — to go toward
   Elle s'est dirigée vers moi.

131. **d'occasion** — second hand
   Il achète toujours des voitures d'occasion.

132. **donner la parole** — to give the floor
   J'espérais qu'on lui donnerait la parole, car il parlait bien.

133. **demander des renseignements** — to ask for information
   Demandez des renseignements à cet agent de police.
      (also: **donner des renseignements** — to give information)

134. **se donner de la peine** — to take pains
   Il se donne de la peine dans ses études, car il espère devenir physicien.

135. **donner sur** — to look out on, face
   La fenêtre de ma chambre donne sur un beau jardin.

136. **d'ordinaire** — ordinarily
   D'ordinaire, il arrive vers midi.

137. **dormir sur les deux oreilles (dormir à poings fermés)** — to sleep soundly
   Après tout ce travail, il dormira sur les deux oreilles.

138. **dresser une tente** — to set up a tent
   Les scouts ont dressé une tente à côté de la rivière.

139. **du côté de** — toward
   Elles se sont dirigées du côté de l'Espagne.

140. **l'échapper belle** — to have a narrow escape
   Le soldat l'a échappé belle.

141. **éclater de rire** — to burst out laughing
   Après chaque histoire, il a éclaté de rire.

142. **l'emporter sur** — to win out over
   Le jeune homme l'a emporté sur tous les autres candidats.

143. **en arrière** — behind
   Mon petit frère marche toujours en arrière.

144. **en bras de chemise** — in shirtsleeves
   Ils sont en bras de chemise parce qu'il fait très chaud.

145. **en douter** — to doubt
   Nous en doutons. (We doubt it)

146. **s'en douter** — to suspect
   Nous nous en doutons. (We suspect it)

147. **en effet** — in fact
 En effet, elle essaie d'être réaliste à ce sujet.

148. **en face de** — opposite, facing
 Une petite fille s'est assise en face de moi.

149. **en fin de compte** — in the end, as last resort
 En fin de compte, ils ont accepté notre proposition.

150. **en haut** — above, upstairs
 Les chambres à coucher sont en haut.
 (also: **en bas** — below, downstairs)

151. **en même temps** — at the same time
 Dans cette famille, tout le monde parle en même temps.

152. **en panne** — in a breakdown, at a standstill
 La voiture est restée en panne parce que le mécanicien n'est pas arrivé.

153. **n'en pouvoir plus** — to be exhausted
 Après tous les examens, ils n'en pouvaient plus.

154. **s'en prendre à** — to blame, take it out on
 Ne vous en prenez pas à moi.

155. **en retard** — late (for an appointment)
 Cet élève est toujours en retard.
 *Compare **tard** — late (not for a prearranged appointment)
 Le soleil se couche très tard en été.

156. **entendre dire que** — to hear that
 J'ai entendu dire qu'elle est malade.

157. **entendre parler de** — to hear of
 J'ai entendu parler de votre président.

158. **en tout cas** — in any case
 En tout cas, le résultat sera le même.

159. **en train de** — in the act of
 Ma soeur était en train de se laver les cheveux.

160. **en un clin d'oeil** — in a flash
 Nous avons caché son cadeau en un clin d'oeil.

161. **en venir aux mains** — to come to blows
 Pendant la dispute, on croyait qu'ils allaient en venir aux mains.

162. **en ville** — in town, downtown
 Il préfère demeurer en ville, mais moi je préfère la campagne.

163. **en vouloir à** — to have a grudge against
 Je ne sais pas pourquoi il m'en veut.

164. **en voiture (en automobile)** — by car
 Je désire y aller en voiture.
 (also: **en avion** — by plane; **en bateau** — by boat)

165. **envoyer chercher** — to go and get
 Si Jean a de la fièvre, il faut envoyer chercher le docteur.

166. **être à court de** — to be short of
 Mon ami est toujours à court d'argent.

167. **être aux petits soins** — to wait on hand and foot
 Sa mère le gâte; elle est toujours aux petits soins pour lui.

168. **être à même de** — to be in a good position to
C'est le chef de bureau qui est à même de vous aider le plus.

169. **être bien aise** — to be glad
Je suis bien aise de vous revoir.

170. **être de retour** — to be back
Je serai de retour avant la nuit.

171. **être de service** — to be on duty
Je ne peux pas sortir ce soir; je suis de service.

172. **être sans le sou** — not to have a cent
Il est sans le sou, car il dépense tout ce qu'il gagne.

173. **être sensible à** — to be sensitive to, partial to
Je suis très sensible à son bel accent méridional.

174. **se fâcher contre** — to get angry at
Georges s'est fâché contre sa tante.

175. **faillir** + infinitive — nearly
J'ai failli être en retard pour la soirée.

176. **se faire à** — to get used to
Elle se fera sans difficulté à cette vie en plein air.

177. **faire à sa tête** — to have one's way
Le petit gamin veut toujours faire à sa tête.

178. **faire attention** — to pay attention, be careful
Il faut faire attention à celui qui parle.

179. **faire beau** — to be good weather
Il a fait beau hier.
(also: **il fait mauvais** — it is bad weather; **il fait du vent** — it is windy; **il fait du soleil** — it is sunny; **il fait du brouillard** — it is foggy)

180. **faire de l'auto-stop** — to hitchhike
Même les jeunes filles font de l'auto-stop en Suède.

181. **faire des châteaux en Espagne** — to build castles in Spain
Il n'est pas réaliste; il passe son temps à faire des châteaux en Espagne.

182. **faire des emplettes** — to go shopping
Mes parents sont allés faire des emplettes en ville.

183. **faire exprès** — to do deliberately
Est-ce qu'il l'a fait exprès pour me mettre en colère?

184. **faire** + infinitive — to have something done
Nous allons faire bâtir notre maison aussitôt que possible.

185. **faire fausse route** — to take the wrong road
Nous avons fait fausse route parce qu'il faisait nuit.

186. **faire jour** — to be daylight
Il sort quand il fait jour; quand il fait nuit, il rentre.
  *Compare **il fait nuit** — it is night

187. **faire la connaissance de** — to make the acquaintance of
Elle a fait la connaissance de Charles à une surprise-partie.

188. **faire la lessive** — to do the washing
Elle fait la lessive tous les lundis.

189. **faire la queue** — to stand in line
    Il faut faire la queue devant le cinéma.

190. **faire la sourde oreille** — to turn a deaf ear
    Il fait la sourde oreille quand on lui demande de l'argent.

191. **faire la vaisselle** — to do the dishes
    La petite Marie fait la vaisselle tous les soirs.

192. **faire l'école buissonnière** — to play hookey
    Hier il a fait l'école buissonnière parce qu'il faisait trop beau pour aller en classe.

193. **faire le ménage** — to do the housework
    Notre bonne fait le ménage.

194. **faire les cent pas** — to walk up and down
    Pendant une heure, il a fait les cent pas devant votre porte.

195. **faire mal à** — to hurt
    Le boxeur a fait mal à son adversaire.

196. **faire partie de** — to belong to
    Les deux messieurs font partie de notre groupe.

197. **faire peur à** — to scare
    Il a fait peur à sa petite soeur.

198. **faire plaisir à** — to please
    Cette invitation lui a fait plaisir.

199. **faire savoir** — to let know, to inform
    Faites-moi savoir s'il arrive sain et sauf.

200. **faire semblant** — to make believe
    Votre frère fait semblant de dormir.

201. **faire ses adieux** — to say good-bye
    Napoléon a fait ses adieux à ses soldats à Fontainebleau.

202. **faire son droit** — to study law
    Mon cousin fait son droit à l'Université de Paris.

203. **faire son possible (faire de son mieux)** — to do one's best
    Il faut avouer qu'il fait toujours son possible.

204. **se faire tard** — to get late
    Il me faut partir parce qu'il se fait tard.

205. **faire une malle** — to pack a trunk
    Je ferai mes malles trois jours avant de partir.

206. **faire une promenade** — to take a walk
    Nous pouvons faire une promenade le long du fleuve.
    (also: **faire une promenade en bateau** — to go for a boat ride
    faire une promenade en voiture — to take a ride in a car
    faire une promenade à bicyclette — to take a bicycle ride

207. **faire un voyage** — to take a trip
    Cet été nous allons faire un long voyage.

208. **faute de mieux** — for lack of something better
    Faute de mieux, il a décidé de prendre cet appartement.

209. **un faux pas** — a social blunder
    Il sait son étiquette; il ne fait jamais de faux pas.

210. **fermer à clef** — to lock
Avez-vous fermé la porte à clef?

211. **se fier à** — to trust
Est-ce que Jean se fie à vous?

212. **se figurer** — to imagine
Il se figure que tout cela sera très facile.

213. **garder le lit** — to stay in bed
Combien de temps faut-il que vous gardiez le lit?

214. **garder le sang-froid** — to keep cool-headed
Il garde le sang-froid même à des moments de crise.

215. **garder rancune** — to bear a grudge
Il lui garde rancune à cause d'une vieille querelle de famille.

216. **grâce à** — thanks to
Grâce à son aide, nous avons pu finir l'hôpital.

217. **ne...guère** — hardly, scarcely
Elle n'est guère plus âgée que vous.

218. **il n'y a pas de quoi (pas de quoi, de rien, je vous en prie)** — you're welcome
Quand il m'a remercié, je lui ai dit: Il n'y a pas de quoi.

219. **il y a** — ago
J'ai fini ce travail il y a deux ans.

220. **s'intéresser à** — to be interested in
Je m'intéresse à la politique internationale.

221. **introduire quelqu'un (faire entrer)** — to show someone in
Le domestique a introduit la dame dans le foyer.

222. **jeter un coup d'oeil** — to glance
De temps en temps il a jeté un coup d'oeil par la fenêtre.

223. **joindre les deux bouts** — to make ends meet
Elle réussit à faire joindre les deux bouts.

224. **jouer à** — to play (a game)
Pendant qu'il joue aux cartes, je joue au tennis.

225. **jouer de** — to play (an instrument)
Elle joue du piano, et son frère joue du violon.

226. **le Jour de l'An** — New-Year's Day
Pour le Jour de l'An il est allé faire du ski dans les Alpes.

227. **jusqu'à ce que** — until (conjunction)
J'attendrai jusqu'à ce que vous arriviez.

228. **le long de** — along
J'aime faire des promenades le long de la Seine.

229. **se lier d'amitié** — to form a friendsip
Il se lia d'amitié avec son jeune voisin.

230. **mal à l'aise** — ill at ease
Je me sens mal à l'aise dans leur maison.

231. **malgré** — in spite of
Malgré son succès, il est malheureux.

232. **manquer de** + infinitive — almost
   La vieille dame a manqué de tomber sur la glace.

233. **marée basse** — low tide
   A marée basse les bateaux ne quittent pas le port.

234. **se marier avec** — to marry
   Ma cousine s'est mariée avec le fils d'un sénateur.

235. **se mettre à** — to mail
   Il va mettre cette lettre à la poste tout de suite.

237. **se mettre à table** — to sit down at the table
   Il s'est mis à table pour attendre les autres.

238. **mettre au courant** — to inform
   Mettez-moi au courant de ce qui se passe.

239. **mettre de côté** — to put aside, save
   Il m'a conseillé de mettre un peu d'argent de côté chaque mois.

240. **se mettre en colère (se fâcher)** — to get angry
   Il se met toujours en colère contre moi.

241. **se mettre en route** — to set out
   Nous allons nous mettre en route ce soir.

242. **mettre le couvert** — to set the table
   Ma soeur a mis le couvert.

243. **beaucoup de monde** — many people
   Il y avait beaucoup de monde dans les magasins.
      (also: **peu de monde** — few people
             trop de monde — too many people)

244. **monter à cheval** — to go horseback riding
   Savez-vous monter à cheval?

245. **se moquer de** — to make fun of
   On se moque de lui à cause de ses vêtements curieux.

246. **N'importe** — It doesn't matter.

247. **n'importe où** — anywhere at all
   Elle laisse ses lunettes n'importe où.
      (also: **n'importe quand** — any time at all
             n'importe qui — anyone at all
             n'importe quoi — anything at all
             n'importe comment — any way at all

248. **les nouveaux-mariés** — the newlyweds
   Les nouveaux-mariés sont partis en lune de miel.

249. **s'occuper de** — to attend to
   Il m'a promis de s'occuper de mes affaires.

250. **un oeuf à la coque** — a soft-boiled egg
   Pour le petit déjeuner, il aime un oeuf à la coque.
      (also: **un oeuf dur** — a hard-boiled egg
             un oeuf sur le plat — a fried egg
             un oeuf brouillé — a scrambled egg

251. **par bonheur** — by good fortune
   Par bonheur, le bateau est revenu avant la tempête.

252. **par conséquent** — consequently
Il pleut à verse; par conséquent nous resterons à la maison.

253. **par-dessus le marché** — into the bargain, to boot
Et puis il s'est cassé la jambe par-dessus le marché.

254. **par exemple** — for example
Je le ferai cette semaine, jeudi ou vendredi, par exemple.

255. **par hasard** — by chance
Je l'ai rencontré par hasard.

256. **par ici** — this way
Venez par ici.

257. **par jour** — per day
Il ne mange que deux fois par jour.
   (also: **par semaine** — per week
          par mois — per month
          par an — per year

258. **par la fenêtre** — out the window
Il passe son temps à regarder par le fenêtre.

259. **par retour du courrier** — by return mail
Il demande une réponse par retour du courrier.

260. **partir de** — to depart from
Il est parti de Boston à six heures.
   *Compare **quitter** — to leave (+ direct object)*
       Il quitte la ville et ses amis
          laisser — to leave something somewhere
       Elle a laissé ses gants dans le théâtre.

261. **pas mal** — a lot (colloquial)
Il y a longtemps, il avait pas mal d'argent.

262. **se passer de** — to do without
Comment peut-on se passer de pain?

263. **passer une nuit blanche** — to spend a sleepless night
Elle a passé une nuit blanche parce qu'elle était inquiète.

264. **passer un examen (subir un examen)** — to take an examination
Pour être admis à l'Ecole Polytechnique, il faut passer un examen.
   *Compare **réussir à un examen (être reçu à un examen)** — to pass an examination*
   ***échouer à un examen (ne pas être reçu à un examen)** — to fail an examination*

265. **payer comptant** — to pay cash
Il vaut mieux payer comptant si vous avez assez d'argent.

266. **pendre la crémaillère** — to give a housewarming party
Tous les amis sont allés chez Jean pour pendre la crémaillère.

267. **penser à** — to think of
Il pense déjà à ses vacances de Noël.

268. **penser de** — to think of (opinion)
Que pensez-vous de lui?

269. **pension complète** — full room and board
La pension complète n'est pas chère dans cette maison.

270. **pile ou face** — head or tails
Ils ont joué à pile ou face pour voir qui allait commencer.

271. **pleuvoir à verse** — to rain hard, pour
Quand il pleut à verse, un imperméable n'aide pas beaucoup.

272. **un poisson d'avril** — April food
Il a mangé un poisson d'avril.

273. **poser une question (faire une question)** — to ask a question
C'est lui qui a posé toutes les bonnes questions.

274. **prendre garde de** — be careful not to
Prenez garde de tomber sur la glace.

275. **prendre le deuil** — to go into mourning
Il a pris le deuil de sa tante.

276. **prendre le parti de** — to make up one's mind to
Il a pris le parti de quitter l'école avant les autres.

277. **prendre un billet** — to buy a ticket
Nous allons prendre des billets aller et retour.

278. **se presser (se dépêcher, se hâter)** — to hurry
Il ne se presse pas, quoique le temps soit très court.

279. **s'y prendre** — to go about it
Il ne sait pas s'y prendre.

280. **quant à** — as for
Quant à nos cousins, ils ne pourront pas y assister.

281. **quelque chose de** + adjective — something + adjective
Il a découvert quelque chose d'intéressant.
   Compare **rien de** + *adjective* — *nothing + adjective*
      Il n'y a rien d'étonnant à cela.

282. **raison de plus** — all the more reason
Raison de plus pour y aller.

283. **se rendre à** — to go to
Il se rend à l'école par le train tous les jours.

284. **se rendre compte** — to realize
Elle ne se rend pas compte de l'importance de votre visite.

285. **rendre visite à (faire visite à)** — to visit (a person)
Elle nous rend visite de temps en temps.
   Compare **visiter** — *to visit (a place)*

286. **la rentrée** — the reopening of school
La rentrée des classes n'est pas toujours gaie.

287. **se retourner** — to turn around
Retournez-vous pour que je vous voie mieux.

288. **rire aux éclats** — to laugh out loud
En voyant cette scène, ils ont ri aux éclats.

289. **la roue de secours** — the spare wheel
Quand le pneu a crevé, il a mis la roue de secours.

290. **une salle comble** — a full house
Cette pièce de Sartre fait toujours salle comble.

291. **sans cesse** — endlessly
   Il répète sans cesse la même chose.

292. **sauter aux yeux** — to be evident
   Je suis sûr qu'il a menti; cela saute aux yeux.

293. **savoir** — to know how, to know (a fact)
   Savez-vous nager?
   Compare **connaître** — *to be acquainted with*

294. **savoir dire** — to be able to tell
   Je ne saurais vous dire cela.

295. **savoir gré à** — to be grateful to
   Je sais gré à Jean de m'avoir prêté sa bicyclette.

296. **se servir de** — to use
   Le petit garçon ne se sert pas de son mouchoir.

297. **serrer la main à** — to shake hands with
   Ils ont serré la main au président.

298. **se soucier de** — to care about
   Je me soucie de tout ce que vous faites.

299. **se souvenir de (se rappeler)** — to remember
   Je me souviens de cet incident.
   Je me rappelle cet incident.

300. **s'il vous plaît** — please
   Donnez-moi du lait, s'il vous plaît.
   Not to be used to begin the sentence

301. **si nous allions** — suppose we go
   Si nous allions au cinéma ce soir?
      (**Si** + imperfect of the verb is often used in this sense)

302. **soit...soit (ou...ou)** — either...or
   On peut y aller soit en avion soit en bateau.

303. **suivre des cours** — to take courses
   Elle suit des cours à la faculté de médecine.

304. **sur-le-champ** — on the spot, right now
   Il faut que vous décidiez sur-le-champ.

305. **tandis que** — while (usually indicates contrast)
   Georges aime le golf, tandis que son frère préfère le tennis.
      (also: **pendant que** — while (no contrast)

306. **Tant mieux** — So much the better.
   Compare **tant pis** — *so much the worse, too bad*

307. **tarder à** — to take long in
   Ne **tardez** pas à m'écrire.

308. **tenir à** — to want very much
   Je tiens à le voir aussitôt que possible.

309. **tenir au courant** — to keep informed
   Tenez-moi au courant de vos voyages.

310. **un tête-à-tête** — confidential conversation
   Leur tete-à-tete était très agréable.

311. **se tirer d'affaire** — to get along
Le jeune couple sait très bien se tirer d'affaire.

312. **toucher un chèque** — to cash a check
Si nous voulons acheter la robe, il faudra toucher un chèque.

313. **tourner un film** — to shoot a film
Ils ont tourné ce film à Rome.

314. **tous les deux** — both
Tous les deux y sont allés.
  (also: **tous les trois** — all three
  tous les quatre — all four

315. **tout à coup (tout d'un coup, soudain)** — suddenly
Il s'est arrêté tout à coup.

316. **tout à fait (complètement)** — completely
Nous ne sommes pas tout à fait convaincus que vous avez raison.

317. **tout à l'heure** — in a little while, a little while ago
J'ai fini tout à l'heure.

318. **tout de même (quand même)** — just the same, all the same
Il m'a dit qu'il va venir tout de même.

319. **tout de suite (immédiatement)** — right away
Nous avons compris tout de suite.

320. **tout le monde** — everybody (always + singular verb agreement)
Tout le monde était content de partir.

321. **trempé jusqu'aux os** — wet to the skin
Il est tombé dans le ruisseau, et il est rentré à la maison trempé jusqu'aux os.

322. **se tromper** — to be mistaken
Vous vous trompez, monsieur. Votre ami demeure plus loin.

323. **se trouver** — to be (usually a location)
Le bâtiment se trouve au coin de la rue.

324. **trouver à redire** — to find fault with
Je n'y trouve rien à redire.

325. **tuer le temps** — to kill time
Nous avons regardé les vitrines des grands magasins pour tuer le temps.

326. **usé jusqu'à la corde** — worn threadbare
Son manteau est usé jusqu'à la corde.

327. **valoir la peine** — to be worth while
Cela ne vaut pas la peine.

328. **il vaut mieux** — it's better
Il vaut mieux lui répondre tout de suite.

329. **venir à** — to happen to
Si vous venez à le voir, dites-lui de se mettre en contact avec moi.

330. **en venir à bout** — to get straightened out
Enfin, ils en sont venus à bout dans cette affaire.

331. **venir de** — to have just
Ils viennent de finir.
  (With imperfect — had just — **Ils venaient de finir.**)

332. **vers** — about (time), toward
Réveillez-moi vers sept heures.

333. **Veuillez** — please, be good enough to (used to begin a sentence)
Veuillez vous asseoir.
Compare s'il vous plaît — please (not used to begin a sentence)

334. **vient de paraître** — just out
Ce roman de Bazin vient de paraître.

335. **un violon d'Ingres** — a hobby
La peinture est son violon d'Ingres.

336. **vis-à-vis de** — opposite
Ils se sont assis vis-à-vis de moi.

337. **visiter** — to visit (a place)
Nous allons visiter Rome et Florence.
Compare rendre visite à or faire visite à — to visit a person

338. **Vive!** — Long live!
Vive la reine!

339. **vouloir bien** — to be willing
Je veux bien les accompagner.

340. **vouloir dire** — to mean
Je ne sais pas ce que vous voulez dire.

341. **y aller par quatre chemins** — to beat around the bush
Dites ce que vous pensez; n'y allez pas par quatre chemins.

342. **y être** — to understand
Non, vous n'y êtes pas du tout.

343. **n'y plus tenir** — not to be able to stand it any longer
Il ne pouvait plus y tenir; il l'a abandonné.

REFERENCE VERB LISTS

The regular and irregular verbs on the following pages are arranged for quick reference. The letters **a** through **q** indicate the various forms and tenses that you are required to know, **a** being the infinitive, **b** the present participle, **c** the present indicative, and so forth. The 81 verbs listed fall into 54 patterns presented so that some are conjugated like others. For example, **prendre, apprendre,** and **comprendre** are all listed under number 10, and **conduire, construire, introduire, produire,** and **réduire** are listed under number 13.

The lists begin with typical examples of three regular conjugations: **donner** (1st conjugation), **choisir** (2nd conjugation), and **vendre** (3rd conjugation). Then comes **se laver,** a typical reflexive verb, and the two auxiliary verbs, **avoir** and **être.** The rest of the verbs are listed alphabetically.

LETTER KEY TO FORMS

a. Infinitif   (infinitive)

b. Participe Présent   (present particle)

c. Présent de l'Indicatif   (present indicative)

d. Imparfait de l'Indicatif   (imperfect indicative)

e. Futur   (future)

f. Conditionnel   (conditional)

g. Passé Simple   (simple past)

h. Impératif   (imperative)

i. Passé Composé   (past indefinite)

j. Plus-que-Parfait   (past perfect)

k. Futur Antérieur   (future perfect)

l. Conditionnel Passé   (past conditional)

m. Présent du Subjonctif   (present subjunctive)

n. Passé du Subjonctif   (past subjunctive)

o. Imparfait du Subjonctif   (imperfect subjunctive)

p. Plus-que-Parfait du Subjonctif   (pluperfect subjunctive)

q. Passé Antérieur   (past anterior)

1. donner (give)
2. choisir (choose)
3. vendre (sell)
4. se laver (wash oneself)
5. avoir (have)
6. être (be)
7. aller (go)
8. s'en aller (go away)
9. apercevoir (perceive)
10. apprendre (learn)
11. s'asseoir (sit down)
12. boire (drink)
10. comprendre (understand)
13. conduire (drive, lead)
14. connaître (know)
13. construire (build)
15. coudre (sew)
16. courir (run)
17. couvrir (cover)
18. craindre (fear)
19. croire (believe)
20. cueillir (gather)
21. décrire (describe)
22. devenir (become)
23. devoir (must, owe)
24. dire (say, tell)
25. dormir (sleep)

21. écrire (write)
26. élire (elect)
27. envoyer (send)
28. faire (do, make)
39. falloir (be necessary)
30. fuir (flee)
31. haïr (hate)
13. introduire (introduce)
18. joindre (join)
26. lire (read)
32. mentir (lie)
33. mettre (put)
34. mourir (die)
35. naître (be born)
36. nuire (harm)
37. obtenir (obtain)
38. offrir (offer)
33. omettre (omit)
17. ouvrir (open)
14. paraître (appear)
39. partir (leave)
22. parvenir (attain)
18. peindre (paint)
40. plaire (please)
18. se plaindre (complain)
41. pleuvoir (rain)
42. pouvoir (be able)

10. prendre (take)
13. produire (produce)
33. promettre (promise)
9. recevoir (receive)
13. réduire (reduce)
33. remettre (put off)
43. résoudre (resolve)
37. retenir (hold back)
22. revenir (come back)
44. rire (laugh)
45. savoir (know)
32. sentir (feel)
46. servir (serve)
39. sortir (go out)
38. souffrir (suffer)
44. sourire (smile)
22. se souvenir (remember)
47. suivre (follow)
48. se taire (be silent)
37. tenir (hold)
49. vaincre (conquer)
50. valoir (be worth)
22. venir (come)
51. vêtir (clothe)
52. vivre (live)
53. voir (see)
54. vouloir (wish)

1.

a. donner

b. donnant

c. je donne
tu donnes
il donne
nous donnons
vous donnez
ils donnent

d. je donnais
tu donnais
il donnait
nous donnions
vous donniez
ils donnaient

e. je donnerai
tu donneras
il donnera
nous donnerons
vous donnerez
ils donneront

f. je donnerais
tu donnerais
il donnerait
nous donnerions
vous donneriez
ils donneraient

g. je donnai
tu donnas
il donna
nous donnâmes
vous donnâtes
ils donnèrent

h. donne, donnons, donnez

i. j'ai donné
tu as donné
il a donné
nous avons donné
vous avez donné
ils ont donné

j. j'avais donné
tu avais donné
il avait donné
nous avions donné
vous aviez donné
ils avaient donné

k. j'aurai donné
tu auras donné
il aura donné
nous aurons donné
vous aurez donné
ils auront donné

l. j'aurais donné
tu aurais donné
il aurait donné
nous aurions donné
vous auriez donné
ils auraient donné

m. que je donne
que tu donnes
qu'il donne
que nous donnions
que vous donniez
qu'ils donnent

n. que j'aie donné
que tu aies donné
qu'il ait donné
que nous ayons donné
que vous ayez donné
qu'ils aient donné

o. que je donnasse
que tu donnasses
qu'il donnât
que nous donnassions
que vous donnassiez
qu'ils donnassent

p. que j'eusse donné
que tu eusses donné
qu'il eût donné
que nous eussions donné
que vous eussiez donné
qu'ils eussent donné

q. j'eus donné
tu eus donné
il eut donne
nous eûmes donné
vous eûtes donné
ils eurent donné

2.

a. choisir

b. choisissant

c. je choisis
tu choisis
il choisit
nous choisissons
vous choisissez
ils choisissent

d. de choisissais
tu choisissais
il choisissait
nous choisissions
vous choisissiez
ils choisissaient

e. je choisirai
tu choisiras
il choisira
nous choisirons
vous choisirez
ils choisiront

f. je choisirais
tu choisirais
il choisirait
nous choisirions
vous choisiriez
ils choisiraient

g. je choisis
tu choisis
il choisit
nous choisîmes
vous choisîtes
ils choisirent

h. choisis, choisissons, choisissez

i. j'ai choisi

j. j'avais choisi

k. j'aurai choisi

l. j'aurais choisi

m. que je choisisse
que tu choisisses
qu'il choisisse
que nous choisissions
que vous choisissiez
qu'ils choisissent

n. que j'aie choisi
que tu aies choisi
qu'il ait choisi
que nous ayons choisi
que vous ayez choisi
qu'ils aient choisi

o. que je choisisse
que tu choisisses
qu'il choisît
que nous choisissions
que vous choisissiez
qu'ils choisissent

p. que j'eusse choisi
que tu eusses choisi
qu'il eût choisi
que nous eussions choisi
que vous eussiez choisi
qu'ils eussent choisi

q. j'eus choisi
tu eus choisi
il eut choisi
nous eûmes choisi
vous eûtes choisi
ils eurent choisi

3.

a. vendre

b. vendant

c. je vends
tu vends
il vend
nous vendons
vous vendez
ils vendent

d. je vendais

e. je vendrai

f. je vendrais

g. je vendis
tu vendis
il vendit
nous vendîmes
vous vendîtes
ils vendirent

h. vends   vendons   vendez

i. j'ai vendu

j. j'avais vendu

k. j'aurai vendu

l. j'aurais vendu

m. que je vende
que tu vendes
qu'il vende
que nous vendions
que vous vendiez
qu'ils vendent

n. que j'aie vendu

o. que je vendisse

p. que j'eusse vendu

q. j'eus vendu

4.

a. se laver

b. se lavant

c. je me lave
tu te laves
il se lave
nous nous lavons
vous vous lavez
ils se lavent

d. je me lavais

e. je me laverai

f. je me laverais

g. je me lavai
tu te lavas
il se lava
nous nous lavâmes
vous vous lavâtes
ils se lavèrent

h. lave-toi   lavons-nous
lavez-vous

i. je me suis lavé
tu t'es lavé
il s'est lavé
elle s'est lavée
nous nous sommes lavés
vous vous êtes lavé
ils se sont lavés
elles se sont lavées

j. je m'étais lavé

k. je me serai lavé

l. je me serais lavé

m. que je me lave
que tu te laves
qu'il se lave
que nous nous lavions
que vous vous laviez
qu'ils se lavent

n. que je me sois lavé

o. que je me lavasse

p. que je me fusse lavé

q. je me fus lavé

5.

a. avoir
b. ayant
c. j'ai
tu as
il a
nous avons
vous avez
ils ont
d. j'avais
e. j'aurai
f. j'aurais
g. j'eus
tu eus
il eut
nous eûmes
vous eûtes
ils eurent
h. aie ayons ayez
i. j'ai eu
j. j'avais eu
k. j'aurai eu
l. j'aurais eu
m. que j'aie
que tu aies
qu'il ait
que nous ayons
que vous ayez
qu'ils aient
n. que j'aie eu
o. que j'eusse
que tu eusses
qu'il eût
que nous eussions
que vous eussiez
qu'ils eussent
p. que j'eusse eu
q. j'eus eu

6.

a. être
b. étant
c. je suis
tu es
il est
nous sommes
vous êtes
ils sont
d. j'étais
e. je serai
f. je serais
g. je fus
tu fus
il fut
nous fûmes
vous fûtes
ils furent
h. sois soyons soyez
i. j'ai été
j. j'avais été
k. j'aurai été
l. j'aurais été
m. que je sois
que tu sois
qu'il soit
que nous soyons
que vous soyez
qu'ils soient
n. que j'aie été
o. que je fusse
que tu fusses
qu'il fût
que nous fussions
que vous fussiez
qu'ils fussent
p. que j'eusse été
q. j'eus été

7.

a. aller
b. allant
c. je vais
tu vas
il va
nous allons
vous allez
ils vont
d. j'allais
e. j'irai
f. j'irais
g. j'allai
tu allas
il alla
nous allâmes
vous allâtes
ils allèrent
h. va allons allez
i. je suis allé
tu es allé
il est allé
elle est allée
nous sommes allés
vous êtes allé
ils sont allés
elles sont allées
j. j'étais allé
k. je serai allé
l. je serais allé
m. que j'aille
que tu ailles
qu'il aille
que nous allions
que vous alliez
qu'ils aillent
n. que je sois allé
o. que j'allasse
que tu allasses
qu'il allât
que nous allassions
que vous allassiez
qu'ils allassent
p. que je fusse allé
q. je fus allé

8.

a. s'en aller
b. s'en allant
c. je m'en vais
tu t'en vas
il s'en va
nous nous en allons
vous vous en allez
ils s'en vont
d. je m'en allais
e. je m'en irai
f. je m'en irais

g. je m'en allai
tu t'en allas
il s'en alla
nous nous en allâmes
vous vous en allâtes
ils s'en allèrent
h. va-t'en allons-nous-en allez-vous-en
i. je m'en suis allé
j. je m'en étais allé
k. je m'en serai allé
l. je m'en serais allé

m. que je m'en aille
que tu t'en ailles
qu'il s'en aille
que nous nous en allions
que vous vous en alliez
qu'ils s'en aillent
n. que je m'en sois allé
que tu t'en sois allé
qu'il s'en soit allé
qu'elle s'en soit allée
que nous nous en soyons allés
que vous vous en soyez allé
qu'ils s'en soient allés
qu'elles s'en soient allées
o. que je m'en allasse
p. que je m'en fusse allé
q. je m'en fus allé

9.

a. recevoir
b. recevant
c. je reçois
tu reçois
il reçoit
nous recevons
vous recevez
ils reçoivent
d. je recevais
e. je recevrai

f. je recevrais
g. je reçus
tu reçus
il reçut
nous reçûmes
vous reçûtes
ils reçurent
h. reçois recevons recevez
i. j'ai reçu
j. j'avais reçu

k. j'aurai reçu
l. j'aurais reçu
m. que je reçoive
que tu reçoives
qu'il reçoive
que nous recevions
que vous receviez
qu'ils reçoivent
n. que j'aie reçu

o. que je reçusse
que tu reçusses
qu'il reçût
que nous reçussions
que vous reçussiez
qu'ils reçussent
p. que j'eusse reçu
q. j'eus reçu

10.

a. prendre
b. prenant
c. je prends
tu prends
il prend
nous prenons
vous prenez
ils prennent
d. je prenais
e. je prendrai
f. je prendrais

g. je pris
tu pris
il prit
nous prîmes
vous prîtes
ils prirent
h. prends prenons prenez
i. j'ai pris
j. j'avais pris
k. j'aurai pris

l. j'aurais pris
m. que je prenne
que tu prennes
qu'il prenne
que nous prenions
que vous preniez
qu'ils prennent
n. que j'aie pris
o. que je prisse
p. que j'eusse pris
q. j'eus pris

11.

a. s'asseoir

b. s'asseyant

c. je m'assieds
tu t'assieds
il s'assied
nous nous asseyons
vous vous asseyez
ils s'asseyent

d. je m'asseyais

e. je m'assiérai

f. je m'assiérais

g. je m'assis
tu t'assis
il s'assit
nous nous assîmes
vous vous assîtes
ils s'assirent

h. assieds-toi asseyons-nous
   asseyez-vous

i. je me suis assis

j. je m'étais assis

k. je me serai assis

l. je me serais assis

m. que je m'asseye
que tu t'asseyes
qu'il s'asseye
que nous nous asseyions
que vous vous asseyiez
qu'ils s'asseyent

n. que je me sois assis

o. que je m'assisse

p. que je me fusse assis

q. je me fus assis

12.

a. boire

b. buvant

c. je bois
tu bois
il boit
nous buvons
vous buvez
ils boivent

d. je buvais

e. je boirai

f. je boirais

g. je bus
tu bus
il but
nous bûmes
vous bûtes
ils burent

h. bois buvons buvez

i. j'ai bu

j. j'avais bu

k. j'aurai bu

l. j'aurais bu

m. que je boive
que tu boives
qu'il boive
que nous buvions
que vous buviez
qu'ils boivent

n. que j'aie bu

o. que je busse

p. que j'eusse bu

q. j'eus bu

13.

a. conduire

b. conduisant

c. je conduis
tu conduis
il conduit
nous conduisons
vous conduisez
ils conduisent

d. je conduisais

e. je conduirai

f. je conduirais

g. je conduisis
tu conduisis
il conduisit
nous conduisîmes
vous conduisîtes
ils conduisirent

h. conduis conduisons conduisez

i. j'ai conduit

j. j'avais conduit

k. j'aurai conduit

l. j'aurais conduit

m. que je conduise
que tu conduises
qu'il conduise
que nous conduisions
que vous conduisiez
qu'ils conduisent

n. que j'aie conduit

o. que je conduisisse

p. que j'eusse conduit

q. j'eus conduit

14.

a. connaître

b. connaissant

c. je connais
tu connais
il connaît
nous connaissons
vous connaissez
ils connaissent

d. je connaissais

e. je connaîtrai

f. je connaîtrais

g. je connus
tu connus
il connut
nous connûmes
vous connûtes
ils connurent

h. connais   connaissons   connaissez

i. j'ai connu

j. j'avais connu

k. j'aurai connu

l. j'aurais connu

m. que je connaisse
que tu connaisses
qu'il connaisse
que nous connaissions
que vous connaissiez
qu'ils connaissent

n. que j'aie connu

o. que je connusse

p. que j'eusse connu

q. j'eus connu

15.

a. coudre

b. cousant

c. je couds
tu couds
il coud
nous cousons
vous cousez
ils cousent

d. je cousais

e. je coudrai

f. je coudrais

g. je cousis
tu cousis
il cousit
nous cousîmes
vous cousîtes
ils cousirent

h. couds   cousons   cousez

i. j'ai cousu

j. j'avais cousu

k. j'aurai cousu

l. j'aurais cousu

m. que je couse
que tu couses
qu'il couse
que nous cousions
que vous cousiez
qu'ils cousent

n. que j'aie cousu

o. que je cousisse

p. que j'eusse cousu

q. j'eus cousu

16.

a. courir

b. courant

c. je cours
tu cours
il court
nous courons
vous courez
ils courent

d. je courais

e. je courrai

f. je courrais

g. je courus
tu courus
il courut
nous courûmes
vous courûtes
ils coururent

h. cours   courons   courez

i. j'ai couru

j. j'avais couru

k. j'aurai couru

l. j'aurais couru

m. que je coure
que tu coures
qu'il coure
que nous courions
que vous couriez
qu'ils courent

n. que j'aie couru

o. que je courusse

p. que j'eusse couru

q. j'eus couru

17.

a. ouvrir

b. ouvrant

c. j'ouvre
tu ouvres
il ouvre
nous ouvrons
vous ouvrez
ils ouvrent

d. j'ouvrais

e. j'ouvrirai

f. j'ouvrirais

g. j'ouvris
tu ouvris
il ouvrit
nous ouvrîmes
vous ouvrîtes
ils ouvrirent

h. ouvre   ouvrons   ouvrez

i. j'ai ouvert

j. j'avais ouvert

k. j'aurai ouvert

l. j'aurais ouvert

m. que j'ouvre
que tu ouvres
qu'il ouvre
que nous ouvrions
que vous ouvriez
qu-ils ouvren

n. que j'aie ouvert

o. que j'ouvrisse

p. que j'eusse ouvert

q. j'eus ouvert

18.

a. craindre

b. craignant

c. je crains
tu crains
il craint
nous craignons
vous craignez
ils craignent

d. je craignais

e. je craindrai

f. je craindrais

g. je craignis
tu craignis
il craignit
nous craignîmes
vous craignîtes
ils craignirent

h. crains   craignons   craignez

i. j'ai craint

j. j'avais craint

k. j'aurai craint

l. j'aurais craint

m. que je craigne
que tu craignes
qu'il craigne
que nous craignions
que vous craigniez
qu'ils craignent

n. que j'aie craint

o. que je craignisse

p. que j'eusse craint

q. j'eus craint

19.

a. croire

b. croyant

c. je crois
tu crois
il croit
nous croyons
vous croyez
ils croient

d. je croyais

e. je croirai

f. je croirais

g. je crus
tu crus
il crut
nous crûmes
vous crûtes
ils crurent

h. crois   croyons   croyez

i. j'ai cru

j. j'avais cru

k. j'aurai cru

l. j'aurais cru

m. que je croie
que tu croies
qu'il croie
que nous croyions
que vous croyiez
qu'ils croient

n. que j'aie cru

o. que je crusse

p. que j'eusse cru

q. j'eus cru

20.

a. cueillir

b. cueillant

c. je cueille
tu cueilles
il cueille
nous cueillons
vous cueillez
ils cueillent

d. je cueillais

e. je cueillerai

f. je cueillerais

g. je cueillis
tu cueillis
il cueillit
nous cueillîmes
vous cueillîtes
ils cueillirent

h. cueille cueillons cueillez

i. j'ai cueilli

j. j'avais cueilli

k. j'aurai cueilli

l. j'aurais cueilli

m. que je cueille
que tu cueilles
qu'il cueille
que nous cueillions
que vous cueilliez
qu'ils cueillent

n. que j'aie cueilli

o. que je cueillisse

p. que j'eusse cueilli

q. j'eus cueilli

21.

a. écrire

b. écrivant

c. j'écris
tu écris
il écrit
nous écrivons
vous écrivez
ils écrivent

d. j'écrivais

e. j'écrirai

f. j'écrirais

g. j'écrivis
tu écrivis
il écrivit
nous écrivîmes
vous écrivîtes
ils écrivirent

h. écris écrivons écrivez

i. j'ai écrit

j. j'avais écrit

k. j'aurai écrit

l. j'aurais écrit

m. que j'écrive
que tu écrives
qu'il écrive
que nous écrivions
que vous écriviez
qu'ils écrivent

n. que j'aie écrit

o. que j'écrivisse

p. que j'eusse écrit

q. j'eus écrit

22.

a. venir

b. venant

c. je viens
tu viens
il vient
nous venons
vous venez
ils viennent

d. je venais

e. je viendrai

f. je viendrais

g. je vins
tu vins
il vint
nous vînmes
vous vîntes
ils vinrent

h. viens venons venez

i. je suis venu
tu est venu
il est venu
elle est venue
nous sommes venus
vous êtes venu
ils sont venus
elles sont venues

j. j'étais venu

k. je serai venu

l. je serais venu

m. que je vienne
que tu viennes
qu'il vienne
que nous venions
que vous veniez
qu'ils viennent

n. que je sois venu

o. que je vinsse

p. que je fusse venu

q. je fus venu

23.

a. devoir
b. devant
c. je dois
   tu dois
   il doit
   nous devons
   vous devez
   ils doivent
d. je devais
e. je devrai
f. je devrais

g. je dus
   tu dus
   il dut
   nous dûmes
   vous dûtes
   ils durent
h. dois devons devez
i. j'ai dû
j. j'avais dû
k. j'aurai dû
l. j'aurais dû

m. que je doive
    que tu doives
    qu'il doive
    que nous devions
    que vous deviez
    qu'ils doivent
n. que j'aie dû
o. que je dusse
p. que j'eusse dû
q. j'eus dû

24.

a. dire
b. disant
c. je dis
   tu dis
   il dit
   nous disons
   vous dites
   ils disent
d. je disais
e. je dirai
f. je dirais

g. je dis
   tu dis
   il dit
   nous dîmes
   vous dîtes
   ils dirent
h. dis disons dites
i. j'ai dit
j. j'avais dit
k. j'aurai dit
l. j'aurais dit

m. que je dise
    que tu dises
    qu'il dise
    que nous disions
    que vous disiez
    qu'ils disent
n. que j'aie dit
o. que je disse
p. que j'eusse dit
q. j'eus dit

25.

a. dormir
b. dormant
c. je dors
   tu dors
   il dort
   nous dormons
   vous dormez
   ils dorment
d. je dormais
e. je dormirai
f. je dormirais

g. je dormis
   tu dormis
   il dormit
   nous dormîmes
   vous dormîtes
   ils dormirent
h. dors dormons dormez
i. j'ai dormi
j. j'avais dormi
k. j'aurai dormi
l. j'aurais dormi

m. que je dorme
    que tu dormes
    qu'il dorme
    que nous dormions
    que vous dormiez
    qu'ils dorment
n. que j'aie dormi
o. que je dormisse
p. que j'eusse dormi
q. j'eus dormi

26.

a. lire
b. lisant
c. je lis
 tu lis
 il lit
 nous lisons
 vous lisez
 ils lisent
d. je lisais
e. je lirai
f. je lirais

g. je lus
 tu lus
 il lut
 nous lûmes
 vous lûtes
 ils lurent
h. lis lisons lisez
i. j'ai lu
j. j'avais lu
k. j'aurai lu
l. j'aurais lu

m. que je lise
 que tu lises
 qu'il lise
 que nous lisions
 que vous lisiez
 qu'ils lisent
n. que j'aie lu
o. que je lusse
p. que j'eusse lu
q. j'eus lu

27.

a. envoyer
b. envoyant
c. j'envoie
 tu envoies
 il envoie
 nous envoyons
 vous envoyez
 ils envoient
d. j'envoyais
e. j'enverrai
f. j'enverrais

g. j'envoyai
 tu envoyas
 il envoya
 nous envoyâmes
 vous envoyâtes
 ils envoyèrent
h. envoie envoyons envoyez
i. j'ai envoyé
j. j'avais envoyé
k. j'aurai envoyé
l. j'aurais envoyé

m. que j'envoie
 que tu envoies
 qu'il envoie
 que nous envoyions
 que vous envoyiez
 qu'ils envoient
n. que j'aie envoyé
o. que j'envoyasse
p. que j'eusse envoyé
q. j'eus envoyé

28.

a. faire
b. faisant
c. je fais
 tu fais
 il fait
 nous faisons
 vous faites
 ils font
d. je faisais
e. je ferai
f. je ferais

g. je fis
 tu fis
 il fit
 nous fîmes
 vous fîtes
 ils firent
h. fais faisons faites
i. j'ai fait
j. j'avais fait
k. j'aurai fait
l. j'aurais fait

m. que je fasse
 que tu fasses
 qu'il fasse
 que nous fassions
 que vous fassiez
 qu'ils fassent
n. que j'aie fait
o. que je fisse
p. que j'eusse fait
q. j'eus fait

29.

a. falloir (impersonal verb)
b. (none)
c. il faut
d. il fallait
e. il faudra
f. il faudrait
g. il fallut
h. (none)
i. il a fallu
j. il avait fallu
k. il aura fallu
l. il aurait fallu
m. qu'il faille
n. qu'il ait fallu
o. qu'il fallût
p. qu'il eût fallu
q. il eut fallu

30.

a. fuir
b. fuyant
c. je fuis
   tu fuis
   il fuit
   nous fuyons
   vous fuyez
   ils fuient
d. je fuyais
e. je fuirai
f. je fuirais
g. je fuis
   tu fuis
   il fuit
   nous fuîmes
   vous fuîtes
   ils fuirent
h. fuis fuyons fuyez
i. j'ai fui
j. j'avais fui
k. j'aurai fui
l. j'aurais fui
m. que je fuie
   que tu fuies
   qu'il fuie
   que nous fuyions
   que vous fuyiez
   qu'ils fuient
n. que j'aie fui
o. que je fuisse
p. que j'eusse fui
q. j'eus fui

31.

a. haïr
b. haïssant
c. je hais
   tu hais
   il hait
   nous haïssons
   vous haïssez
   ils haïssent
d. je haïssais
e. je haïrai
f. je haïrais
g. je haïs
   tu haïs
   il haït
   nous haïmes
   vous haïtes
   ils haïrent
h. hais haïssons haïssez
i. j'ai haï
j. j'avais haï
k. j'aurai haï
l. j'aurais haï
m. que je haïsse
   que tu haïsses
   qu'il haïsse
   que nous haïssions
   que vous haïssiez
   qu'ils haïssent
n. que j'aie haï
o. que je haïsse
p. que j'eusse haï
q. j'eus haï

32.

a.	mentir	g.	je mentis	m.	que je mente
			tu mentis		que tu mentes
b.	mentant		il mentit		qu'il mente
			nous mentîmes		que nous mentions
c.	je mens		vous mentîtes		que vous mentiez
	tu mens		ils mentirent		qu'ils mentent
	il ment				
	nous mentons	h.	mens mentons mentez	n.	que j'aie menti
	vous mentez				
	ils mentent	i.	j'ai menti	o.	que je mentisse
d.	je mentais	j.	j'avais menti	p.	que j'eusse menti
e.	je mentirai	k.	j'aurai menti	q.	j'eus menti
f.	je mentirais	l.	j'aurais menti		

33.

a.	mettre	g.	je mis	m.	que je mette
			tu mis		que tu mettes
b.	mettant		il mit		qu'il mette
			nous mîmes		que nous mettions
c.	je mets		vous mîtes		que vous mettiez
	tu mets		ils mirent		qu'ils mettent
	il met				
	nous mettons	h.	mets mettons mettez	n.	que j'aie mis
	vous mettez				
	ils mettent	i.	j'ai mis	o.	que je misse
d.	je mettais	j.	j'avais mis	p.	que j'eusse mis
e.	je mettrai	k.	j'aurai mis	q.	j'eus mis
f.	je mettrais	l.	j'aurais mis		

34.

a.	mourir	g.	je mourus	m.	que je meure
			tu mourus		que tu meures
b.	mourant		il mourut		qu'il meure
			nous mourûmes		que nous mourions
c.	je meurs		vous mourûtes		que vous mouriez
	tu meurs		ils moururent		qu'ils meurent
	il meurt				
	nous mourons	h.	meurs mourons mourez	n.	que je sois mort
	vous mourez				
	ils meurent	i.	je suis mort	o.	que je mourusse
d.	je mourais	j.	j'étais mort	p.	que je fusse mort
e.	je mourrai	k.	je serai mort	q.	que je fus mort
f.	je mourrais	l.	je serais mort		

35.

a. naître
b. naissant
c. je nais
tu nais
il naît
nous naissons
vous naissez
ils naissent
d. je naissais
e. je naîtrai
f. je naîtrais

g. je naquis
tu naquis
il naquit
nous naquîmes
vous naquîtes
ils naquirent
h. nais naissons naissez
i. je suis né
j. j'étais né
k. je serai né
l. je serais né

m. que je naisse
que tu naisses
qu'il naisse
que nous naissions
que vous naissiez
qu'ils naissent
n. que je sois né
o. que je naquisse
p. que je fusse né
q. je fus né

36.

a. nuire
b. nuisant
c. je nuis
tu nuis
il nuit
nous nuisons
vous nuisez
ils nuisent
d. je nuisais
e. je nuirai
f. je nuirais

g. je nuisis
tu nuisis
il nuisit
nous nuisîmes
vous nuisîtes
ils nuisirent
h. nuis nuisons nuisez
i. j'ai nui
j. j'avais nui
k. j'aurai nui
l. j'aurais nui

m. que je nuise
que tu nuises
qu'il nuise
que nous nuisions
que vous nuisiez
qu'ils nuisent
n. que j'aie nui
o. que je nuisisse
p. que j'eusse nui
q. j'eus nui

37.

a. tenir
b. tenant
c. je tiens
tu tiens
il tient
nous tenons
vous tenez
ils tiennent
d. je tenais
e. je tiendrai
f. je tiendrais

g. je tins
tu tins
il tint
nous tînmes
vous tîntes
ils tinrent
h. tiens tenons tenez
i. j'ai tenu
j. j'avais tenu
k. j'aurai tenu
l. j'aurais tenu

m. que je tienne
que tu tiennes
qu'il tienne
que nous tenions
que vous teniez
qu'ils tiennent
n. que j'aie tenu
o. que je tinsse
p. que j'eusse tenu
q. j'eus tenu

38.

a. offrir
b. offrant
c. j'offre
   tu offres
   il offre
   nous offrons
   vous offrez
   ils offrent
d. j'offrais
e. j'offrirai
f. j'offrirais

g. j'offris
   tu offris
   il offrit
   nous offrîmes
   vous offrîtes
   ils offrirent
h. offre   offrons   offrez
i. j'ai offert
j. j'avais offert
k. j'aurai offert
l. j'aurais offert

m. que j'offre
    que tu offres
    qu'il offre
    que nous offrions
    que vous offriez
    qu'ils offrent
n. que j'aie offert
o. que j'offrisse
p. que j'eusse offert
q. j'eus offert

39.

a. partir
b. partant
c. je pars
   tu pars
   il part
   nous partons
   vous partez
   ils partent
d. je partais
e. je partirai
f. je partirais

g. je partis
   tu partis
   il partit
   nous partîmes
   vous partîtes
   ils partirent
h. pars   partons   partez
i. je suis parti
j. j'étais parti
k. je serai parti
l. je serais parti

m. que je parte
    que tu partes
    qu'il parte
    que nous partions
    que vous partiez
    qu'ils partent
n. que je sois parti
o. que je partisse
p. que je fusse parti
q. je fus parti

40.

a. plaire
b. plaisant
c. je plais
   tu plais
   il plaît
   nous plaisons
   vous plaisez
   ils plaisent
d. je plaisais
e. je plairai
f. je plairais

g. je plus
   tu plus
   il plut
   nous plûmes
   vous plûtes
   ils plurent
h. plais   plaisons   plaisez
i. j'ai plu
j. j'avais plu
k. j'aurai plu
l. j'aurais plu

m. que je plaise
    que tu plaises
    qu'il plaise
    que nous plaisions
    que vous plaisiez
    qu'ils plaisent
n. que j'aie plu
o. que je plusse
p. que j'eusse plu
q. j'eus plu

41.

a. pleuvoir (impersonal verb)
b. pleuvant
c. il pleut
d. il pleuvait
e. il pleuvra
f. il pleuvrait
g. il plut
h. pleuvez (rare)
i. il a plu
j. il avait plu
k. il aura plu
l. il aurait plu
m. qu'il pleuve
n. qu'il ait plu
o. qu'il plût
p. qu'il eût plu
q. il eut plu

42.

a. pouvoir
b. pouvant
c. je peux (je puis)
tu peux
il peut
nous pouvons
vous pouvez
ils peuvent
d. je pouvais
e. je pourrai
f. je pourrais
g. je pus
tu pus
il put
nous pûmes
vous pûtes
ils purent
h. (none)
i. j'ai pu
j. j'avais pu
k. j'aurai pu
l. j'aurais pu
m. que je puisse
que tu puisses
qu'il puisse
que nous puissions
que vous puissiez
qu'ils puissent
n. que j'aie pu
o. que je pusse
p. que j'eusse pu
q. j'eus pu

43.

a. résoudre
b. résolvant
c. je résous
tu résous
il résout
nous résolvons
vous résolvez
ils résolvent
d. je résolvais
e. je résoudrai
f. je résoudrais
g. je résolus
tu résolus
il résolut
nous résolûmes
vous résolûtes
ils résolurent
h. résous résolvons résolvez
i. j'ai résolu
j. j'avais résolu
k. j'aurai résolu
l. j'aurais résolu
m. que je résolve
que tu résolves
qu'il résolve
que nous résolvions
que vous résolviez
qu'ils résolvent
n. que j'aie résolu
o. que je résolusse
p. que j'eusse résolu
q. j'eus résolu

44.

a. rire

b. riant

c. je ris
tu ris
il rit
nous rions
vous riez
ils rient

d. je riais

e. je rirai

f. je rirais

g. je ris
tu ris
il rit
nous rîmes
vous rîtes
ils rirent

h. ris   rions   riez

i. j'ai ri

j. j'avais ri

k. j'aurai ri

l. j'aurais ri

m. que je rie
que tu ries
qu'il rie
que nous riions
que vous riiez
qu'ils rient

n. que j'aie ri

o. que je risse

p. que j'eusse ri

q. j'eus ri

45.

a. savoir

b. sachant

c. je sais
tu sais
il sait
nous savons
vous savez
ils savent

d. je savais

e. je saurai

f. je saurais

g. je sus
tu sus
il sut
nous sûmes
vous sûtes
ils surent

h. sache   sachons   sachez

i. j'ai su

j. j'avais su

k. j'aurai su

l. j'aurais su

m. que je sache
que tu saches
qu'il sache
que nous sachions
que vous sachiez
qu'ils sachent

n. que j'aie su

o. que je susse

p. que j'eusse su

q. j'eus su

46.

a. servir

b. servant

c. je sers
tu sers
il sert
nous servons
vous servez
ils servent

d. je servais

e. je servirai

f. je servirais

g. je servis
tu servis
il servit
nous servîmes
vous servîtes
ils servirent

h. sers   servons   servez

i. j'ai servi

j. j'avais servi

k. j'aurai servi

l. j'aurais servi

m. que je serve
que tu serves
qu'il serve
que nous servions
que vous serviez
qu'ils servent

n. que j'aie servi

o. que je servisse

p. que j'eusse servi

q. j'eus servi

47.

a. suivre
b. suivant
c. je suis
tu suis
il suit
nous suivons
vous suivez
ils suivent
d. je suivais
e. je suivrai
f. je suivrais

g. je suivis
tu suivis
il suivit
nous suivîmes
vous suivîtes
ils suivirent
h. suis suivons suivez
i. j'ai suivi
j. j'avais suivi
k. j'aurai suivi
l. j'aurais suivi

m. que je suive
que tu suives
qu'il suive
que nous suivions
que vous suiviez
qu'ils suivent
n. que j'aie suivi
o. que je suivisse
p. que j'eusse suivi
q. j'eus suivi

48.

a. se taire
b. se taisant
c. je me tais
tu te tais
il se tait
nous nous taisons
vous vous taisez
ils se taisent
d. je me taisais
e. je me tairai
f. je me tairais

g. je me tus
tu te tus
il se tut
nous nous tûmes
vous vous tûtes
ils se turent
h. tais-toi taisons-nous taisez-vous
i. je me suis tu
j. je m'étais tu
k. je me serai tu
l. je me serais tu

m. que je me taise
que tu te taises
qu'il se taise
que nous nous taisions
que vous vous taisiez
qu'ils se taisent
n. que je me sois tu
o. que je me tusse
p. que je me fusse tu
q. je me fus tu

49.

a. vaincre
b. vainquant
c. je vaincs
tu vaincs
il vainc
nous vainquons
vous vainquez
ils vainquent
d. je vainquais
e. je vaincrai
f. je vaincrais

g. je vainquis
tu vainquis
il vainquit
nous vainquîmes
vous vainquîtes
ils vainquirent
h. vaincs vainquons vainquez
i. j'ai vaincu
j. j'avais vaincu
k. j'aurai vaincu
l. j'aurais vaincu

m. que je vainque
que tu vainques
qu'il vainque
que nous vainquions
que vous vainquiez
qu'ils vainquent
n. que j'aie vaincu
o. que je vainquisse
p. que j'eusse vaincu
q. j'eus vaincu

50.

a. valoir

b. valant

c. je vaux
tu vaux
il vaut
nous valons
vous valez
ils valent

d. je valais

e. je vaudrai

f. je vaudrais

g. je valus
tu valus
il valut
nous valûmes
vous valûtes
ils valurent

h. vaux valons valez

i. j'ai valu

j. j'avais valu

k. j'aurai valu

l. j'aurais valu

m. que je vaille
que tu vailles
qu'il vaille
que nous valions
que vous valiez
qu'ils vaillent

n. que j'aie valu

o. que je valusse

p. que j'eusse valu

q. j'eus valu

51.

a. vêtir

b. vêtant

c. je vêts
tu vêts
il vêt
nous vêtons
vous vêtez
ils vêtent

d. je vêtais

e. je vêtirai

f. je vêtirais

g. je vêtis
tu vêtis
il vêtit
nous vêtîmes
vous vêtîtes
ils vêtirent

h. vêts vêtons vêtez

i. j'ai vêtu

j. j'avais vêtu

k. j'aurai vêtu

l. j'aurais vêtu

m. que je vête
que tu vêtes
qu'il vête
que nous vêtions
que vous vêtiez
qu'ils vêtent

n. que j'aie vêtu

o. que je vêtisse

p. que j'eusse vêtu

q. j'eus vêtu

52.

a. vivre

b. vivant

c. je vis
tu vis
il vit
nous vivons
vous vivez
ils vivent

d. je vivais

e. je vivrai

f. je vivrais

g. je vécus
tu vécus
il vécut
nous vécûmes
vous vécûtes
ils vécurent

h. vis vivons vivez

i. j'ai vécu

j. j'avais vécu

k. j'aurai vécu

l. j'aurais vécu

m. que je vive
que tu vives
qu'il vive
que nous vivions
que vous viviez
qu'ils vivent

n. que j'aie vécu

o. que je vécusse

p. que j'eusse vécu

q. j'eus vécu

53.

a. voir

b. voyant

c. je vois
   tu vois
   il voit
   nous voyons
   vous voyez
   ils voient

d. je voyais

e. je verrai

f. je verrais

g. je vis
   tu vis
   il vit
   nous vîmes
   vous vîtes
   ils virent

h. vois voyons voyez

i. j'ai vu

j. j'avais vu

k. j'aurai vu

l. j'aurais vu

m. que je voie
   que tu voies
   qu'il voie
   que nous voyions
   que vous voyiez
   qu'ils voient

n. que j'aie vu

o. que je visse

p. que j'eusse vu

q. j'eus vu

54.

a. vouloir

b. voulant
   vouloir
   voulant

c. je veux
   tu veux
   il veut
   nous voulons
   vous voulez
   ils veulent

d. je voulais

e. je voudrai

f. je voudrais

g. je voulus
   tu voulus
   il voulut
   nous voulûmes
   vous voulûtes
   ils voulurent

h. veuille veuillons veuillez

i. j'ai voulu

j. j'avais voulu

k. j'aurai voulu

l. j'aurais voulu

m. que je veuille
   que tu veuilles
   qu'il veuille
   que nous voulions
   que vous vouliez
   qu'ils veuillent

n. que j'aie voulu

o. que je voulusse

p. que j'eusse voulu

q. j'eus voulu

FRENCH-ENGLISH VOCABULARY

A

d'abord at first
absent absent
absolu absolute
accompagner to accompany
d'accord agreed
s'accoutumer to get accustomed
accueil (m.) welcome
accueillir to welcome
achat (m.) the purchase
acheter to buy
achever to complete
acteur (m.) actor
actrice (f.) actress
actuel of the present time
actuellement now
addition (f.) bill (in a restaurant)
adieu good-bye
admettre to admit
adresse (f.) address
aéroport (m.) airport
affaire (f.) case, affair
affiche (f.) poster
afin de in order to
âge (m.) age
s'agir de to be a matter of
aiguille (f.) needle
aile (f.) wing
ailleurs elsewhere
ainsi thus
ajouter to add
Algérie (f.) Algeria
Allemagne (f.) Germany
allemand German
aller to go
s'en aller to go away
allumer to light
allumette (f.) match
alors then

Alpes (f. pl.) Alps
ambigu ambiguous
ambitieux ambitious
âme (f.) soul
améliorer to improve
amer (amère) bitter
amèrement bitterly
américain American
Amérique (f.) America
ami (m.) friend
amitié (f.) friendship
amour (m.) love
amoureux in love
amusant amusing
s'amuser to have a good time
an (m.) year
ancien (ancienne) old, former
âne (m.) donkey
ange (m.) angel
anglais English
Angleterre (f.) England
année (f.) year
annonce (f.) advertisement
août (m.) August
s'apercevoir to notice
appareil de photo (m.) camera
appeler to call
appétit (m.) appetite
apporter to bring
apprendre to learn
s'approcher to approach
après after
arbre (m.) tree
arc-en-ciel (m.) rainbow
argent (m.) money, silver
armée (f.) army
armoire (f.) closet
arrêt (m.) stop
s'arrêter to stop

aussi also
autant as much, as many
automne (m.) autumn
automobile (f.) automobile
autre other
autrefois formerly
d'avance beforehand
en avance early
avant before
avare stingy
avec with
avenir (m.) future
aveugle blind
avion (m.) airplane
avocat (m.) lawyer
avril (m.) April
arrière behind
arrivée (f.) arrival
arriver to arrive
arrondissement (m.) section
artiste (m. or f.) artist
assez enough
assiette (f.) plate
assis seated
atelier (m.) attic, workshop, studio
atmosphère (f.) atmosphere
attacher to attach
atteindre to attain
attendre to wait for
attentif (attentive) attentive
aube (f.) dawn
auberge (f.) inn
aucun none
au-delà beyond
au-dessous below
au-dessus above
aujourd'hui today
auparavant before
au revoir good-bye

B

baccalauréat (m.) baccalaureate
bagage (m.) baggage
se baigner to bathe
bain (m.) bath
baiser (m.) kiss
bal (m.) ball
balai (m.) broom
balayer to sweep
balle (f.) ball
banane (f.) banana
banc (m.) bench

banlieue (f.) suburbs
banque (f.) bank
barbe (f.) beard
barque (f.) boat
bas (basse) low
bassin (m.) pool
bataille (f.) battle
bateau (m.) boat
bâtiment (m.) building
bâtir to build
bâton (m.) stick

battre to beat
bavard talkative
bavarder to chat
beau (belle) beautiful
beaucoup a great deal, much, many
beauté (f.) beauty
bec (m.) beak
belge Belgian
Belgique (f.) Belgium
béni blessed
berceau (m.) cradle

bercer to rock
besoin (m.) need
bête (f.) animal
beurre (m.) butter
bibliothèque (f.) library
bicyclette (f.) bicycle
bien well
bientôt soon
bière (f.) beer
bifteck (m.) beefsteak
bijou (m.) jewel
bijouterie (f.) jewelry
bijoutier (m.) jeweler
billet (m.) note
blanc (blanche) white
blé (m.) wheat
blesser to hurt
bleu blue
blond blond

blouse (f.) smock
boire to drink
bois (m.) wood
boîte (f.) box
bon (bonne) good
bonbon (m.) candy
bonheur (m.) good fortune
bonjour (m.) good morning
bonté (f.) kindness
bord (m.) edge
bouche (f.) mouth
boue (f.) mud
boulanger (m.) baker
boulangerie (f.) bakery
bouleverser to upset
bout (m.) end
bouteille (f.) bottle
boutique (f.) shop
bras (m.) arm

brave brave, good
bref (brève) brief
Brésil (m.) Brazil
Bretagne (f.) Brittany
breton (bretonne) Breton
brise (f.) breeze
briser to break
brosse (f.) brush
brouillard (m.) fog
bruit (m.) nose
brûler to burn
brume (f.) mist
brun brown
Bruxelles Brussels
bulletin (m.) report
bureau (m.) office, desk
but (m.) goal
buvard (m.) blotter

C

ça (short for cela) that
cacher to hide
cadeau (m.) gift
café (m.) coffee
cafetière (f.) coffee pot
cahier (m.) notebook
caillou (m.) pebble
Le Caire Cairo
caisse (f.) box
calendrier (m.) calendar
camarade (m. or f.) comrade
camembert (m.) camembert cheese
caméra (f.) movie camera
camion (m.) truck
campagne (f.) country
Canada (m.) Canada
canard (m.) duck
canif (m.) penknife
canot (m.) boat
car because
caractère (m.) character
carnaval (m.) carnival
carnet (m.) notebook
carrefour (m.) crossroads
carrière (f.) career
carte (f.) map
cas (m.) case
casser to break
casserole (f.) pan
causer to chat
cave (f.) basement, cellar
ceinture (f.) belt
célèbre famous

célébrer to celebrate
cependant however
cercle (m.) circle, club
certain certain
cesser to stop
chacun each one
chair (f.) flesh
chaise (f.) chair
chaleur (f.) heat
chambre (f.) room
champ (m.) field
champignon (m.) mushroom
championnat (m.) championship
chance (f.) luck
changer to change
chanson (f.) song
chapeau (m.) hat
chapelle (f.) chapel
chapitre (m.) chapter
chaque each
charmant charming
chasse (f.) hunting
chasser to hunt
chasseur (m.) hunter
chat (m.) cat
château (m.) castle
chaud warm
chauffeur (m.) driver
chef (m.) chief
chef-d'oeuvre (m.) masterpiece
chemin (m.) road
cheminée (f.) chimney
chemise (f.) shirt

chèque (m.) check
cher (chère) expensive
chercher to look for
cheval (chevaux) (m.) horse
cheveux (m. pl.) hair
chèvre (f.) goat
chez at the home of
chic stylish
chien (m.) dog
chimie (f.) chemistry
chirurgien (m.) surgeon
chocolat (m.) chocolate
choisir to choose
choix (m.) choice
chose (f.) thing
chute (f.) fall
ciel (cieux) (m.) heaven
cigare (m.) cigar
cil (m.) eyelash
cinéma (m.) movie house
circulation (f.) traffic
citoyen (citoyenne) citizen
citron (m.) lemon
clair clear, bright
clarté (f.) brightness
classe (f.) class
clef (f.) key
client (m.) customer
climat (m.) climate
cloche (f.) bell
clocher (m.) steeple
clou (m.) nail
cochon (m.) pig

coeur (m.) heart
coiffeur (m.) hairdresser
coin (m.) corner
colère (f.) anger
collège (m.) secondary school
collier (m.) necklace
colline (f.) hill
combien how much, how many
comédie (f.) comedy
comme like, as
comment how
commode convenient
compagnon (m.) companion
comparer to compare
compartiment (m.) compartment
complètement completely
compositeur (m.) composer
comprendre to understand
compte (m.) account
compter to count
concierge (m. or f.) janitor
conduire to lead, conduct
conférence (f.) lecture
confort (m.) comfort
confortable comfortable
congé (m.) leave, vacation
connaissance (f.) acquaintance
connaître to know, be acquainted
conseil (m.) advice
(par) conséquent consequently
constamment constantly

construire to build
conte (m.) tale
content happy
continu continuous
continuer to continue
contraire (m.) opposite, contrary
contre against
convenable suitable, proper
copain (m.) pal
coq (m.) rooster
corde (f.) string
corps (m.) body
corriger to correct
corse (m. or f.) Corsican
Corse (f.) Corsica
côte (f.) coast, rib
côté (m.) side
côtelette (f.) cutlet, chop
coton (m.) coton
cou (m.) neck
se coucher to go to bed
coude (m.) elbow
coudre to sew
couleur (f.) color
couloir (m.) passageway, hall
coup (m.) blow
coupable guilty
couper to cut
cour (f.) courtyard
couramment fluently
coureur (m.) runner

courir to run
cours (m.) course
course (f.) race
court short
cousin (cousine) cousin
couteau (m.) knife
coûter to cost
coûteux (coûteuse) costly
coutume (f.) custom
couture (f.) sewing
couverture (f.) blanket
couvrir to cover
craie (f.) chalk
craindre to fear
cravate (f.) tie
crayon (m.) pencil
cri (m.) shout
crier to shout
criminel (criminelle) criminal
crise (f.) crisis
croire to believe
croissant (m.) crescent roll
croix (f.) cross
croûte (f.) crust
cueillir to gather, pick
cuiller (f.) spoon
cuir (m.) leather
cuisine (f.) kitchen
curieux (curieuse) curious
cycliste (m. or f.) bicyclist

D

dame (f.) lady
Danemark (m.) Denmark
dangereux dangerous
dans in, within
danse (f.) dance
danser to dance
date (f.) date
davantage more
débarrasser to get rid of
debout standing
début (m.) beginning
décembre (m.) December
déchirer to rear, rip
décider to decide
se décider to make up one's mind
découvrir to discover
décrire to describe
défaut (m.) defect
défendre to forbid, defend
défilé (m.) parade
dehors outside
déjà already

déjeuner (m.) lunch
délicat delicate
demain tomorrow
demander to ask
demeurer to dwell, live
demi half
démodé out of style
dent (f.) tooth
dentiste (m.) dentist
département (m.) department
se dépêcher to hurry
depuis since
déranger to disturb
dernier (dernière) last
derrière behind
dès since
descendre to go down, get off
désert (m.) desert
se déshabiller to get undressed
désirer to desire
désormais henceforth
dessert (m.) dessert

deviner to guess
devoir to owe, must
devoir (m.) duty, homework
diable (m.) devil
diamant (m.) diamond
dictée (f.) dictation
dictionnaire (m.) dictionary
Dieu (m.) God
différence (f.) difference
différent different
difficile difficult
difficulté (f.) difficulty
dimanche (m.) Sunday
dessiner to draw
dessous beneath
dessus over
détour (m.) detour
détruire to destroy
dette (f.) debt
devant in front of
développer to develop
devenir to become

173

dinde (f.) turkey
dîner (m.) dinner
dîner to dine
dire to say, tell
directeur (m.) manager
discours (m.) speech
disparaître to disappear
disque (m.) record
divan (m.) sofa
diviser to divide
docteur (m.) doctor

doigt (m.) finger
domestique (m. or f.) servant
donc therefore
donner to give
dormir to sleep
dos (m.) back
dot (f.) dowry
doucement gently, softly
douleur (f.) pain, sorrow
doute (m.) doubt
douter to doubt
se douter to suspect

doux (douce) soft, sweet
drame (m.) drama
drap (m.) sheet
drapeau (m.) flag
droit straight
droit (m.) right, law
(à) droite to the right
drôle funny
dur tough, hard
durant during
durer to last

E

eau (f.) water
éblouir to dazzle
échafaud (m.) scaffold
s'échapper to escape
échelle (f.) ladder
échouer to fail
éclair (m.) flash
éclat (m.) brilliance
éclater to burst
école (f.) school
écolier (m.) schoolboy
économe economical
écouter to listen to
écraser to crush
écrire to write
écrivain (m.) writer
effacer to erase
effet (m.) effect
égal equal
égalité (f.) equality
église (f.) church
Egypte (f.) Egypt
électrique electric
élégant elegant
élève (m. or f.) pupil
élire to elect
éloigner to remove
embarrasser to embarrass
embrasser to kiss, embrace
emmener to take (a person)
émotion (f.) emotion
empêcher to prevent
employer to use
emporter to carry off
emprunter to borrow
enchanté delighted
encore still, yet
encourager to encourage
encre (f.) ink

s'endormir to fall asleep
endroit (m.) place
enfance (f.) childhood
enfant (m. or f.) child
enfin finally
enlever to remove
ennemi (m.) enemy
ennui (m.) boredom
s'ennuyer to be bored
ennuyeux boring
énorme enormous
énormément enormously
enrhumé having a cold
enseignement (m.) teaching
enseigner to teach
ensemble together
ensuite following, next, then
entendre to hear
entendu agreed
entier (entière) entire
entièrement entirely
entourer to surround
entre between
entrée (f.) entrance
entrer to enter
enveloppe (f.) envelope
envers toward
envie (f.) desire
environ approximately
environs (m. pl.) neighborhood
envoyer to send
épais (épaisse) thick
épargner to save
épaule (f.) shoulder
épée (f.) sword
épicerie (f.) grocery
épicier (m.) grocer
épinards (m. pl.) spinach
épouser to marry
épouvantable horrible

épreuve (f.) test, trial
épuisé exhausted
équipe (f.) team
escargot (m.) snail
espace (m.) space
Espagne (f.) Spain
espagnol Spanish
espèce (f.) kind, sort
espérance (f.) hope
espérer to hope
espoir (m.) hope
esprit (m.) spirit, mind
essayer to try
essence (f.) gasoline
essuyer to wipe
estomac (m.) stomach
étage (m.) floor, story
étalage (m.) display
état (m.) state
Etats-Unis (m. pl.) United States
été (m.) summer
éteindre to extinguish
étoile (f.) star
étonner to astonish
étrange strange
étranger (étrangère) stranger
être to be, being
étroit narrow
étudiant (m.) student
étudier to study
Europe (f.) Europe
évidemment evidently, of course
examen (m.) examination
exemple (m.) example
exercice (m.) exercise
expérience (f.) experiment, experier
exprès on purpose
extraordinaire extraordinary
extrême extreme

F

fâché angry, sorry
se fâcher to get angry
facile easy
façon (f.) way, fashion
facteur (m.) postman
faible weak
faiblesse (f.) weakness
faim (f.) hunger
faire to make, do
fait (m.) fact
falloir to be necessary
fameux (fameuse) famous
famille (f.) family
fatigué tired
faute (f.) mistake
faux (fausse) false
feindre to pretend
félicitations (f. pl.) congratulations
féliciter to congratulate
femme (f.) woman. wife
fenêtre (f.) window
fer (m.) iron
ferme (f.) farm
fermer to close
fête (f.) feast, party
feu (m.) fire

feuillage (m.) foliage
feuille (f.) leaf, sheet
février (m.) February
fidèle faithful
se fier to trust
fier (fière) proud
figure (f.) face
fil (m.) thread, wire
filet (m.) net
fille (f.) daughter, girl
fillette (f.) little girl
fils (m.) son
fin (f.) end
finir to finsh
flâner to stroll
fleur (f.) flower
fleuve (m.) river
foi (f.) faith
foie (m.) liver
foin (m.) hay
fois (f.) time
fonctionnaire (m.) civil servant
fond (m.) bottom
fonder to found
fondre to melt
forêt (f.) forest

formidable terrific
fort strong
fou (folle) crazy
foudre (f.) lightning
foule (f.) crowd
fourchette (f.) fork
fourmi (f.) ant
foyer (m.) home
frais (fraîche) fresh
fraise (f.) strawberry
franc (m.) franc
français French
France (f.) France
frapper to strike, knock
frein (m.) brake
fréquemment frequently
frère (m.) brother
frites (f. pl.) fried potatoes
froid cold
fromage (m.) cheese
front (m.) forehead
frontière (f.) border, frontier
fruit (m.) fruit
fuir to flee
fumer to smoke
fusil (m.) gun
futur (m.) future

G

gagner to earn, win
gai gay
gant (m.) glove
garçon (m.). boy
garder to keep, guard
gare (f.) station
gaspiller to waste
gâteau (m.) cake
gâter to spoil
gauche left
geler to freeze
gendarme (m.) policeman
gêner to embarrass, annoy
genou (genoux) (m.) knee
genre (m.) kind, type
gens (m. pl.) people
gentil (gentille) nice
gentiment nicely

géographie (f.) geography
géométrie (f.) geometry
glace (f.) ice, ice-cream
glisser to slip, slide
gloire (f.) glory
gomme (f.) eraser
gorge (f.) throat
gourmand greedy
gourmet (m.) connoisseur of food
goût (m.) taste
goûter to taste
goûter (m.) snack
goutte (f.) drop, bit
grand tall, big, great
grandeur (f.) size
grandir to grow up
grand'mère (f.) grandmother

grand-père (m.) grandfather
gras (grasse) fat
gratte-ciel (m.) skyscraper
grave serious
grec (grecque) Greek
Grèce (f.) Greece
grenier (m.) attic
grenouille (f.) frog
gris grey
gronder to scold
gros (grosse) big
groupe (m.) group
(ne) guère hardly
guérir to cure
guerre (f.) war
guichet (m.) ticket office
guide (m.) guide
guitare (f.) guitar

H

habile clever
s'habiller to get dressed
habitant (m.) inhabitant
habiter to live
habitude (f.) habit
habituel (habituelle) habitual
s'habituer to get accustomed
haine (f.) hatred
haïr to hate
hanche (f.) hip
hardi bold
hasard (m.) luck, chance
hâte (f.) haste
se hâter to hurry

haut tall, high
hauteur (f.) height
herbe (f.) grass
heroïne (f.) heroine
héros (m.) hero
heure (f.) hour
heureux (heureuse) happy
hibou (hiboux) (m.) owl
hier yesterday
histoire (f.) story, history
hiver (m.) winter
hollandais Dutch
Hollande (f.) Holland
homme (m.) man
honnête honest

honneur (m.) honor
honte (f.) shame
hôpital (m.) hospital
horloge (f.) clock
hors out
hors-d'oeuvre (m. pl.) hors-d'oeuvre
hôte (m.) host
hôtel (m.) hotel
hôtesse (f.) hostess
huile (f.) oil
huître (f.) oyster
humain human
humeur (f.) humor
hurler to yell

I

ici here
idée (f.) idea
identifier to identify
ignorer not to know
île (f.) island
image (f.) picture
s'imaginer to imagine
immédiatement immediately
immeuble (m.) building
impatience (f.) impatience
s'impatientier to get impatient
inattendu unexpected
incendie (m.) fire
inconnu unknown
incroyable unbelievable

indépendance (f.) independence
indépendant independent
individuel (individuelle) individual
infini infinite
ingénieur (m.) engineer
ingénu innocent
ingrat ungrateful
injuste unjust
inquiet (inquiète) worried
s'inquiéter to worry
inquiétude (f.) worry
s'installer to get settled
institut (m.) institute
instruire to instruct
intellectuel (intellectuelle) intellectual

interdire to forbid
interdit forbidden
intéressant interesting
s'intéresser to be interested
intérêt (m.) interest
intérieur (m.) inside
interroger to question
introduire to show in
inutile useless
invité (m.) guest
invraisemblable unlikely
Islande (f.) Iceland
Italie (f.) Italy
italien Italian
ivre drunk

J

jadis formerly
jalousie (f.) jealousy
jaloux (jalouse) jealous
(ne) jamais never
jambe (f.) leg
jambon (m.) ham
janvier (m.) January
Japon (m.) Japan
japonais Japanese
jardin (m.) garden
jaune yellow
jeter to throw
jeu (m.) game

jeudi (m.) Thursday
jeune young
jeunesse (f.) youth
joie (f.) joy
joindre to join
joli pretty
joue (f.) cheek
jouer to play
jouet (m.) toy
joueur (m.) player
jour (m.) day
journal (m.) newspaper
journaliste (m.) journalist

journée (f.) day
joyeux (joyeuse) joyous
juge (m.) judge
jugement (m.) judgment
juger to judge
juillet (m.) July
juin (m.) June
jupe (f.) skirt
jurer to swear
jus (m.) juice
jusqu'à until
juste fair
justice (f.) justice

K

kilo (m.) kilogram
kilomètre (m.) kilometer
kiosque (m.) newspaper stand

L

là there
laborieux (laborieuse) laborious
lac (m.) lake
lâche cowardly, slack
laid ugly
laine (f.) wool
laisser to let, leave
lait (m.) milk
laitue (f.) lettuce
lampe (f.) lamp
lancer to throw
langue (f.) language
lapin (m.) rabbit
large wide
larme (f.) tear
las (lasse) weary
latin Latin
laver to wash
leçon (f.) lesson
lecteur (lectrice) reader
légende (f.) legend
léger (légère) light

légume (m.) vegetable
lendemain (m.) next day
lent slow
lentement slowly
lettre (f.) letter
lever to lift
se lever to get up
liaison (f.) linking
liberté (f.) liberty
librairie (f.) bookshop
libre free
lier to bind
lieu (m.) place
lièvre (m.) hare
ligne (f.) line
linge (m.) linen
liquide (m.) liquid
lire to read
liste (f.) list
lit (m.) bed
littérature (f.) literature

livre (m.) book
livre (f.) pound
logement (m.) lodging
loi (f.) law
loin far
lointain far
loisir (m.) leisure
Londres London
long (longue) long
longtemps a long time
lorsque when
louer to hire, rent
loup (m.) wolf
lourd heavy
lueur (f.) glimmer
lumière (f.) light
lundi (m.) Monday
lune (f.) moon
lunettes (f. pl.) glasses, spectacles
lutte (f.) struggle, wrestling
lycée (m.) secondary school
lycéen (lycéenne) student

M

machine (f.) machine
maçon (m.) mason
madame (f.) Mrs.
mademoiselle (f.) Miss
magasin (m.) store
magnifique magnificent
mai (m.) May
maigre thin
maillot (m.) jersey
main (f.) hand
maintenant now
mairie (f.) town hall
mais but
maison (f.) house
maître (m.) master
maîtresse (f.) mistress
mal badly
malade sick
maladie (f.) illness
maladroit clumsy
malgré in spite of
malheur (m.) misfortune
malheureux unhappy
malhonnête dishonest
malin shrewd
malle (f.) trunk
maman (f.) mamma
manche (f.) sleeve
Manche (f.) English Channel
mandat (m.) money-order

manège (m.) merry-go-round
manger to eat
manquer to fail, miss
manteau (m.) coat
marchand (m.) merchant
marchander to bargain
marché (m.) market
marcher to walk
marée (f.) tide
mari (m.) husband
se marier to marry
marron (m.) chestnut
mars (m.) March
masculin masculine
masse (f.) mass
match (m.) game
matelas (m.) mattress
matelot (m.) sailor
mathématiques (f. pl.) mathematics
matière (f.) subject
matin (m.) morning
matinée (f.) morning
mauvais bad
mécanicien (m.) mechanic
méchant naughty, wicked
mécontent displeased
médecin (m.) doctor
médicament (m.) medicine
médiocre mediocre
Méditerranée (f.) Mediterranean

mêler to mix
melon (m.) melon
membre (m.) limb. member
même same, very
mémoire (f.) memory
ménage (m.) household
ménagère (f.) housekeeper
mendiant (m.) beggar
mener to lead
mensonge (m.) lie
mentir to lie
menton (m.) chin
menu (m.) menu
menuisier (m.) carpenter
mépriser to scorn
mer (f.) sea
merci thanks
mère (f.) mother
méridional southern
mériter to deserve
merveilleux marvelous
messe (f.) mass
messieurs (m. pl.) sirs
mesure (f.) measure
métal (m.) metal
métier (m.) trade
mètre (m.) meter
métro (m.) subway
mettre to put
meuble (m.) piece of furniture

meurtre (m.) murder
midi (m.) noon
mieux better
milieu (m.) middle
militaire military
mine (f.) look, air
ministère (m.) ministry
ministre (m.) minster
minuit (m.) midnight
minute (f.) minute
miroir (m.) mirror
misère (f.) poverty
mobile movable
mode (f.) fashion
moderne modern
modiste (f.) milliner
moeurs (f. pl.) customs
moindre least
moine (m.) monk
moins less

mois (m.) mouth
moisson (f.) harvest
monde (m.) world
monnaie (f.) change
monotone monotonous
monsieur (m.) sir, Mr.
montagne (f.) mountain
monter to go up
montre (f.) watch
montrer to show
se moquer to make fun of
morceau (m.) piece
mordre to bite
mort dead
mort (f.) death
Moscou Moscow
mot (m.) word
moteur (m.) motor
mouche (f.) fly
mouchoir (m.) handkerchief

mouillé wet
moulin (m.) mill
mourir to die
moustique (m.) mosquito
mouton (m.) sheep
mouvement (m.) movement
moyen (m.) means
Moyen Age (m.) Middle Ages
moyenne (f.) average
muet (muette) mute
mulet (m.) mule
multiplier to multiply
mur (m.) wall
mûr ripe
muraille (f.) stone wall
muscle (m.) muscle
musée (m.) museum
musique (f.) music
mystère (m.) mystery
mystérieux mysterious

N

nager to swim
naïf (naïve) naïve
naissance (f.) birth
naître to be born
nappe (f.) tablecloth
natation (f.) swimming
naturellement naturally
naufrage (m.) shipwreck
navire (m.) ship
néanmoins nevertheless
nécessaire necessary
négliger to neglect
neige (f.) snow
nerveux nervous

net (nette) clean
nettement clearly
nettoyer to clean
neuf (neuve) new
neveu (m.) nephew
nez (m.) nose
nid (m.) nest
nièce (f.) niece
nier to deny
niveau (m.) level
Noël (m.) Christmas
noeud (m.) knot
noir black
nom (m.) name
nombre (m.) number

nord (m.) north
Normandie (f.) Normandy
Norvège (f). Norway
norvégien Norwegian
nostalgie (f.) homesickness
note (f.) grade
nouveau (nouvelle) new
novembre (m.) November
se noyer to drown
nu naked
nuage (m.) cloud
nuit (f.) night
nullement not at all
numéro (m.) number

O

obéir to obey
objet (m.) object
observer to observe
obstiné stubborn
obtenir to obtain
occasion (f.) opportunity
occupé busy
s'occuper to take care
océan (m.) ocean
octobre (m.) October
odeur (f.) odor
oeil (m.) eye
oeuf (m.) egg
oeuvre (f.) work
officier (m.) official
offrir to offer

oie (f.) goose
oignon (m.) onion
oiseau (m.) bird
ombre (f.) shade
omelette (f.) omelet
omettre to omit
oncle (m.) uncle
onde (f.) wave
ongle (m.) fingernail
opéra (m.) opera
optimiste optimistic
or now then, now
or (m.) gold
orage (m.) thunderstorm
orchestre (m.) orchestra
ordinaire ordinary
ordonnance (f.) prescription

oreille (f.) ear
oreiller (m.) pillow
organisation (f.) organization
orgueil (m.) pride
orient (m.) East
origine (f.) origin
orner to decorate
orteil (m.) toe
os (m.) bone
oser to dare
ôter to take off
ou or
où where
outil (m.) tool
ouverture (f.) opening, overture
ouvrir to open

P

Pacifique (m.) Pacific
page (f.) page
paille (f.) straw
pain (m.) bread
paisible peaceful
paix (f.) peace
pâle pale
palier (m.) stairway landing
panier (m.) basket
panne (f.) breakdown
pantalon (m.) trousers
pantoufle (f.) slipper
papa (m.) daddy
papier (m.) paper
papillon (m.) butterfly
Pâques (f. pl.) Easter
paquet (m.) package
par by
paragraphe (m.) paragraph
paraître to appear
parapluie (m.) umbrella
parc (m.) park
parce que because
par-dessus over
pardessus (m.) overcoat
pardonner to pardon
pareil (pareille) similar
paresseux (paresseuse) lazy
parfait perfect
parfaitement perfectly
parfois sometimes
parfum (m.) perfume
parisien (parisienne) Parisian
parler to speak
parmi among
parole (f.) word
parquet (m.) floor
partager to share
partie (f.) game, part
partir to leave
partout everywhere
passager (passagère) passenger
passé (m.) past
passer to pass
passionnant exciting
pasteur (m.) pastor
patiemment patiently
patience (f.) patience
patiner to skate
pâtisserie (f.) pastry shop
patron (m.) boss
paupière (f.) eyelid
pauvre poor
pauvreté (f.) poverty
payer to pay
pays (m.) country
paysage (m.) countryside
paysan (paysanne) farmer, peasant

peau (f.) skin
pêche (f.) fishing
pêcher to fish
pêcheur (m.) fisherman
peigner to comb
peindre to paint
peine (f.) pain, trouble
peintre (m.) painter
peinture (f.) painting
pelouse (f.) lawn
pencher to lean
pendant during
pendule (f.) clock
pénétrer to penetrate
pénible painful, hard
péniche (f.) barge
pensée (f.) thought
penser to think
perdre to lose
père (m.) father
perfectionner to perfect
périr to perish
permettre to permit
permission (f.) permission
perruque (f.) wig
persil (m.) parsley
personnage (m.) character
personnalité (f.) personality
personne (f.) person
persuader to persuade
perte (f.) loss
pesant heavy
peser to weigh
petit small
peu little
peuple (m.) people
peur (f.) fear
peut-être perhaps
phare (m.) lighthouse, headlight
pharmacie (f.) drugstore
pharmacien (m.) druggist
photographe (m.) photographer
photographie (f.) photo
physique physical
pièce (f.) room, coin, play
pied (m.) foot
piège (m.) trap
pierre (f.) stone
piéton (m.) pedestrian
pilote (m.) pilot
pin (m.) pine tree
pire worse (adj.)
pis worse (adv.)
piscine (f.) swimming pool
piste (f.) track
pitié (f.) pity
placard (m.) closet
place (f.) square, room

plafond (m.) ceiling
plage (f.) beach
se plaindre to complain
plaine (f.) plain
plaire to please
plaisanterie (f.) joke
plaisir (m.) pleasure
plancher (m.) floor
planète (f.) planet
plante (f.) plant
plat flat
platane (m.) plane tree
plateau (m.) plateau
plein full
pleurer to cry
pli (m.) fold
plomb (m.) lead
plonger to dive
pluie (f.) rain
plume (f.) pen, feather
plupart (f.) most
plus more
plusieurs several
plutôt rather
pneu (m.) tire
poche (f.) pocket
poème (m.) poem
poésie (f.) poetry
poids (m.) weight
poignet (m.) wrist
poing (m.) fist
poison (m.) poison
poisson (m.) fish
poitrine (f.) chest
poivre (m.) pepper
poli polite
policier (m.) policeman
poliment politely
polir to polish
politesse (f.) politeness
polonais Polish
Pologne (f.) Poland
pomme (f.) apple
pomme de terre (f.) potato
pompier (m.) fireman
pont (m.) bridge, deck
porc (m.) pork, pig
porte (f.) door
portefeuille (m.) wallet
porte-monnaie (m.) pocketbook
porter to carry
porteur (m.) porter
portugais Portuguese
Portugal (m.) Portugal
poser to place
posséder to possess
possible possible
poste (f.) post office, mail

potage (m.) soup
pouce (m.) thumb
poule (f.) chicken
poulet (m.) chicken
poumon (m.) lung
poupée (f.) doll
pour for, in order to
pourboire (m.) tip
pourquoi why
poursuivre to pursue
pourtant however
pousser to push, grow
poussière (f.) dust
pouvoir to be able
prairie (f.) meadow
pré (m.) meadow, field
précieux (précieuse) precious
précis precise
préfecture (f.) prefecture
préférer to prefer
préfet (m.) prefect
premier (première) first

prendre to take
préparer to prepare
près near
présent present
se presser to hurry
prêt ready
prétendre to claim
prêter to lend
prétexte (m.) pretext
preuve (f.) proof
prier to pray, beg
principal principal, main
printemps (m.) spring
prison (f.) prison
se priver to deprive oneself
prix (m.) prize, price
probable probable
problème (m.) problem
procès (m.) trial
prochain next
produire to produce
professeur (m. or f.) teacher
profiter to take advantage

profond deep
profondément deeply
programme (m.) program
progrès (m.) progress
projet (m.) project, plan
promenade (f.) walk
se promener to take a walk (ride)
promesse (f.) promise
promettre to promise
prononcer to pronounce
propre clean
propriété (f.) poverty
Provence (f.) Provence
public (publique) public
puis then
puisque since, as
puissant powerful
puits (m.) well
punir to punish
pupitre (m.) desk
pur pure
Pyrénées (f. pl.) Pyrenees

Q

quai (m.) wharf, station, platform
quand when
quant à as for
quart (m.) fourth

quartier (m.) section
quelque some
quelquefois sometimes
queue (f.) tail, line
qui who

quitter to leave
quoi what
quoique although
quotidien (quotidienne) daily

R

raconter to tell, relate
radeau (m.) raft
radio (f.) radio
ragoût (m.) stew
raide steep
raisin (m.) grape
raison (m.) reason, right
ramasser to pick, gather
ramener to bring back
ramer to row
ranger to arrange, classify
rapide rapid
rappeler call back
se rappeler to remember
rapporter to bring back
rarement rarely
se raser to shave
rater to miss
ravi delighted
rayon (m.) rayon, shelf, section
réalité (f.) reality
récemment recently
récent recent
recette (f.) recipe
recevoir to receive

récit (m.) narration
recommander to recommend, register
récompense (f.) reward
reconnaissance (f.) gratitude
reconnaître to recognize
récréation (f.) recess
recueillir to gather, collect
rédacteur (m.) editor
redoutable fearful
redouter to dread
réduire to reduce
réfrigérateur (m.) refrigerator
refuge (m.) shelter
refuser to refuse
regard (m.) look
regarder to look at
régime (m.) diet
règle (f.) rule, ruler
règne (m.) reign
reine (f.) queen
se rejoindre to meet
réjouir to rejoice
religieux religious
relire to reread
remarquable remarkable

remarquer to observe
remède (m.) remedy
remercier to thank
remettre to delay, put off
remords (m.) remorse
remplaçant (remplaçante) substi
remplacer to replace
remplir to fill
remporter to win over
remuer to move, stir
renard (m.) fox
rencontrer to meet
rendez-vous (m.) meeting
rendre to give back, render, ma
renoncer to renounce
renseignement (m.) information
renseigner to inform
rente (f.) income
rentrée (f.) opening of school
rentrer to return
renverser to knock over
répandre to spread
repas (m.) meal
répéter to repeat
répétition (f.) rehearsal, repetiti

répondre to answer
réponse (f.) answer
repos (m.) rest
se reposer to rest
représentation (f.) performance
reprocher to reproach
réseau (m.) network
résistance (f.) resistance
résoudre to resolve
respectueux respectful
respiration (f.) breathing
respirer to breathe
responsabilité (f.) responsibility
ressembler to resemble
ressort (m.) spring
restaurant (m.) restaurant
reste (m.) rest, remains
rester to remain, stay
résumé (m.) summary
retard (m.) lateness
retenir to hold back
retentir to resound
se retirer to withdraw
retour (m.) return
retourner to go back
se retrouver to meet
réunion (f.) meeting
se réunir to meet

réussir to succeed
revanche (f.) revenge
rêve (m.) dream
réveil (m.) awakening
réveille-matin (m.) alarm clock
se réveiller to wake up
revenir to come back
rêver to dream
rêveur dreamy
revoir to see again
révolution (f.) revolution
revue (f.) review
rez-de-chaussée (m.) ground floor
rhume (m.) cold
riche rich
richesse (f.) riches
ride (f.) wrinkle
rideau (m.) curtain
ridicule ridiculous
rien nothing
rire to laugh
rive (f.) shore
rivière (f.) river
riz (m.) rice
robe (f.) dress
robuste robust
rocher (m.) rock

rôder to prowl
roi (m.) king
rôle (m.) role
romancier (m.) novelist
romanesque romantic
romantisme (m.) romanticism
rond round
ronfler to snore
ronger to gnaw
ronronner to hum, buzz
rose pink
rose (f.) rose
rôti (m.) roast
roue (f.) wheel
rouge red
rougir to blush
rouler to roll, travel
route (f.) road
roux (rousse) reddish
royaume (m.) kingdom
rude rough
rue (f.) street
ruine (f.) ruin
ruisseau (m.) brook
rumeur (f.) noise
ruse (f.) trick
russe Russian
Russie (f.) Russia

S

sable (m.) sand
sac (m.) bag
sage wise, well-behaved
sagesse (f.) wisdom
sain healthy
saisir to seize
saison (f.) season
salade (f.) salade
sale dirty
salir to dirty
salle (f.) room
salon (m.) living room
saluer to greet
salut (m.) safety, salvation
sang (m.) blood
sanglot (m.) sob
sangloter to sob
sans without
santé (f.) health
satisfaire to satisify
saucisson (m.) sausage
sauf except
saut (m.) jump
sauter to jump
sauvage wild
sauver to save
savant (m.) scientist
savoir to know

savon (m.) soap
scène (f.) scene, stage
science (f.) science
scolaire scholastic, school
sculpture (f.) sculpture
séance (f.) meeting
sec (sèche) dry
secouer to shake
secours (m.) help
secrétaire (m. or f.) secretary
séduisant attractive
seigneur (m.) lord
séjour (m.) stay
sel (m.) salt
selon according to
semaine (f.) week
semblable similar
sembler to seem
sens (m.) sense, direction
sensation (f.) sensation
sensible sensitive
sentier (m.) path
sentiment (m.) feeling
sentir to feel
septembre (m.) September
série (f.) series
sérieux (sérieuse) serious
serpent (m.) snake

serrer to squeeze, shake hands
service (m.) service
serviette (f.) towel, napkin
servir to serve
seuil (m.) threshhold
seul alone, single
seulement only
sévère severe
si if, so, yes
Sicile (f.) Sicily
siècle (m.) century
siège (m.) seat, siege
sieste (f.) siesta
siffler to whistle
signal (m.) signal, traffic light
signification (f.) meaning
silence (m.) silence
silencieux silent
sincèrement sincerely
singulier (singulière) strange
sinon if not
sitôt as soon as
ski (m.) ski
skieur (m.) skier
société (f.) society
soeur (f.) sister
sofa (m.) sofa
soie (f.) silk

soif (f.) thirst
soigner to take care of
soigneusement carefully
soin (m.) care
soir (m.) evening
soirée (f.) evening
soit so be it
sol (m.) soil
soldat (m.) soldier
soleil (m.) sun
solide solid, hard
somme (f.) sum
sommeil (m.) sleep
sommet (m.) summit
songe (m.) dream
songer to think, dream
sonner to ring
sort (m.) fate, destiny
sorte (f.) kind, sort
sortie (f.) exit
sortir to go out
sot (sotte) silly
souci (m.) care, worry
se soucier to be anxious
soudain suddenly
soudainement suddenly
souffrance (f.) suffering
souffrir to suffer
soulager to relieve
soulever to lift
soulier (m.) shoe

souligner to underline, stress
soupçon (m.) suspicion
soupçonner to suspect
soupe (f.) soup
soupir (m.) sigh
source (f.) spring, source
sourcil (m.) eyebrow
sourd deaf
sourire to smile
souris (f.) mouse
sous under
sous-entendu understood
soutenir to support
souvenir (m.) souvenir, memory
se souvenir to remember
souvent often
spécialité (f.) specialty
spectacle (m.) show, spectacle
spectateur (m.) spectator
spirituel witty, spiritual
splendide splendid
sport (m.) sport
stade (m.) stadium
stage (m.) learning session
station (f.) resort, station
stationner to park
stupide silly, stupid
style (m.) style
stylo (m.) pen
subir to undergo, take (an exam)
subordonné subordinate
substituer to substitute

succès (m.) success
sucre (m.) sugar
sud (m.) south
Suède (f.) Sweden
suédois Swedish
sueur (f.) sweat
suffisant sufficient
suggérer to suggest
suisse Swiss
Suisse (f.) Switzerland
suite (f.) series, continuation
suivant following
suivre to follow
sujet (m.) subject, topic
superflu superfluous
supérieur superior, higher
supplémentaire extra
supporter to bear
sur on
sûr (sûre) sure
sûreté (f.) safety, security
surprendre to surprise
surpris surprised
surprise (f.) surprise
surtout especially
surveiller to watch over
suspendre to hang
syllabe (f.) syllable
sympathique lovable, congenial
syndicat (m.) union
système (m.) system

T

table (f.) table
tableau (m.) board, chart
tablier (m.) apron
tache (f.) spot
tâche (f.) task
tâcher to try
tailler to cut
tailleur (m.) tailor
se taire to be quiet
talon (m.) heel
tambour (m.) drum
tandis que whereas, while
tant so much
tante (f.) aunt
tapis (m.) rug
tapisserie (f.) tapestry
tard late
tarder to take a long time
tas (m.) heap, pile, a lot
tasse (f.) cup
taureau (m.) bull
taxi (m.) taxi
technicien (m.) technician

teint (m.) complexion
teinturier (m.) dry-cleaner
tel (telle) such
télégramme (m.) telegram
téléphérique (m.) ski tow
téléphone (m.) telephone
téléphoner to telephone
téléviseur (m.) television set
télévision (f.) television
tellement so
témoignage (m.) evidence, testimony
temoin (m.) witness
tempête (f.) storm
temps (m.) time
tendance (f.) tendency
tendre tender
tendresse (f.) tenderness
tenir to hold
tennis (m.) tennis
tentation (f.) temptation
tente (f.) tent
tenter to attempt
terminer to end

terrain (m.) terrain, ground
terrasse (f.) terrace
terre (f.) ground, earth
terrible terrible
testament (m.) will, testament
tête (f.) head
têtu stubborn
textile (m.) textile
thé (m.) tea
théâtre (m.) theater
thème (m.) theme
thon (m.) tuna
tiède warm
tigre (m.) tiger
timbre (m.) stamp
tirer to pull
tiroir (m.) drawer
titre (m.) title
toile (f.) linen, canvas, sail
toilette (f.) dressing, toilet
toit (m.) roof
tomate (f.) tomato
tombe (f.) tomb

tomber to fall
tonnerre (m.) thunder
tordre to twist
tort (m.) wrong, harm
tortue (f.) turtle
tôt early, soon
toucher to touch
toujours always
tour (f.) tower
tour (m.) turn, tour
tourisme (m.) tourism
touriste (m. or f.) tourist
tourner to turn
tousser to cough
tout all
tout de suite immediately
toutefois however
toux (f.) cough
tradition (f.) tradition
traduire to translate
tragédie (f.) tragedy
tragique tragic
trahir to betray

trahison (f.) betrayal, treachery
train (m.) train, pace
traîneau (m.) sled
traîner to drag, pull
trait (m.) feature
traiter to treat
trajet (m.) trip, distance
tramway (m.) streetcar
tranquille calm
tranquillement calmly
transatlantique transatlantic, desk chair
transport (m.) transportation
travail (m.) work
travailler to work
à travers across
traversée (f.) crossing
traverser to cross
tremblant tembling
trembler to tremble
tremper to dip, soak
très very
trésor (m.) treasure
tricher to cheat

tricoter to knit
trimestre (m.) trimester
triompher to triumph
triste sad
tristement sadly
tromper to deceive
se tromper to be mistaken
tronc (m.) tree trunk
trône (m.) throne
trop too much, too many
trottoir (m.) sidewalk
trou (m.) hole
troublé troubled
troubler to disturb, trouble
troupe (f.) troup, company
trouver to find
truite (f.) trout
tuer to kill
turc (turque) Turkish
Turquie (f.) Turkey
tutoiement (m.) use of "tu" form
tutoyer to use "tu" form
type (m.) type, guy

U

unique unique, only
unir to unite
univers (m.) universe

universel (universelle) universal
université (f.) university
usage (m.) usage, custom
user to wear, use up

usine (f.) factory
utile useful
utiliser to use

V

vacances (f. pl.) vacation
vache (f.) cow
vague (f.) wave
vain vain
vaisselle (f.) dishes
valet (m.) servant
valeur (f.) value
valise (f.) valise
vallée (f.) valley
valoir to be worth
se vanter to boast
vapeur (f.) steam
varier to vary
variété (f.) variety
vase (m.) vase
veau (m.) calf
veille (f.) eve, day before
veine (f.) luck
velours (m.) velvet
vendeur (m.) salesman
vendre to sell
venir to come

vent (m.) wind
ventre (m.) belly, stomach
verbe (m.) verb
vérité (f.) truth
verre (m.) glass
vers toward
vers (m.) verse
verser to pour
vert green
vertu (f.) virtue
veste (f.) jacket
vestiaire (m.) cloakroom
vêtement (m.) article of clothing
vétérinaire (m.) veterinary
veuve (f.) widow
viande (f.) meat
victime (f.) victim
victoire (f.) victory
vide empty
vieillard (m.) old man
vieillir to grow old
vierge virgin, pure

vieux (vieille) old
vigne (f.) vineyard, vine
village (m.) village
ville (f.) city
vin (m.) wine
vinaigre (m.) vinegar
violent violent
violette (f.) violet
violon (m.) violin
virgule (f.) comma
vis (f.) screw
visage (m.) face
vis-à-vis with respect to
visite (f.) visit
visiter to visit
vite fast
vitesse (f.) speed
vitre (f.) pane of glass
vitrine (f.) store window
vivre to live
vocabulaire (m.) vocabulary
voeu (voeux) (m.) wish

voici there is, there are	**voix (f.)** voice	**volontiers** gladly, willingly
voile (m.) veil	**vol (m.)** flight	**vouloir** to wish
voile (f.) sail	**volaille (f.)** poultry, fowl	**voyage (m.)** trip, voyage
voilà there is, there are	**volant (m.)** steering wheel	**voyager** to travel
voir to see	**voler** to steal, fly	**vrai** true
voisin (m.) neighbor	**volet (m.)** shutter	**vraiment** truly
voiture (f.) car	**voleur (m.)** thief	**vue (f.)** view
	volonté (f.) will	

W

wagon-lit (m.) sleeping car
wagon-restaurant (m.) dining car